JN418445

알고 있습니까?

장애인의 권리

일문일답

DPI일본회의 편

한국장애인연맹 대전DPI 신석훈 역

도서출판 두남

SHITTE IMASUKA? SHOGAISHA NO KENRI ICHIMONITTO
Copyright © DPI-Japan
Korean translation rights arranged with KAIHO SHUPPANSHA through Japan UNI Agency, Inc., Tokyo and ERIC YANG AGENCY, Seoul

이 책의 한국어판 저작권은 EYA(Eric Yang Agency)를 통한 KAIHO SHUPPANSHA 사와의 독점계약으로 '도서출판 두남'이 소유합니다.

저작권법에 의하여 한국 내에서 보호를 받는 저작물이므로 무단전재 및 복제를 금합니다.

서 문

장애인권리협약 비준 이후, 최초의 일본 정부 보고서가 2016년 6월 29일, UN장애인권리위원회에 제출되었습니다. 협약에는 장애인이「다른 사람들과 동등한 기초 위에서 지역에서 자율적이고 자립적으로 살아갈 수 있도록 모든 정책을 확보해야 한다.」라는 조약국의 의무가 기재되어 있습니다. 그러나 일본의 현 상황은 지금도 많은 장애인이 시설이나 병원에 장기 입소, 입원을 하고 있습니다. 그 요인으로는 지역의 거주 및 생활 지원 정책이 불충분한 것으로 지적되고 있습니다.

일본의 장애인 정책은 2000년대에 크게 변화된 후, 2010년대에는 조약 비준을 목적으로 많은 제도 개혁을 해왔지만, 조약의 모든 정신과 장애인의 생활은 아직 동떨어져 있다고 할 수 있습니다.

2016년 7월 16일 카나가와 현 사가미하라 시의 장애인 입소 시설에서 19명이나 되는 거주자가 살해되는 대량 살상 사건이 발생하였습니다.

희생이 된 분들의 명복을 빔과 동시에 조약 전문에 나타나 있는「인류 사회의 모든 구성원의 고유의 존엄, 가치, 평등 및 앗아갈 수 없는 권리」라는 문구의 의의를 새삼 되새겨 보게 됩니다.

모든 사람의 생명은 똑같이 존중되어야 한다는 메시지가 우리 모두에게 요구되는 이 시대에 장애가 있는 사람과 장애가 없는 사람이 지역의 생활과 교육, 고용 등의 여러 부문에서 공생하고 대화하며, 필요한 합리적 편의에 의한 요구나 제공에 도움이 되고자, 2005년에 발행된 쿠스노키 토시오, 강박구 편저 『알고 있습니까? 장애인의 인권 일문일답』의 전면 개정판으로 본서를 발행하게 되었습니다.

우리 DPI일본회의는 모든 사람의 생명과 생활이 존중되고, 장애의 유무에 의해 차별되지 않는 통합사회=보편적 사회를 지향하고 있습니다.

그러기 위해서는 출생부터 임종까지 삶의 각 분야에서 장애인의 권리 실현에 어떠한 과제가 있는지를 망라할 수 있도록 본서를 구성하였습니다. 또 본서는 전 편저자였던 고(故) 쿠스노키 토시오(전 DPI일본회의부의장)가 집필한 '차별어, 차별 표현'에 대한 역사적 문장을 다시 기록하였으며, 쿠스노키를 비롯한 장애인 운동의 선구자들이 평생을 걸고 추구한 차별 없는 사회를 향한 노력을 이어 갈 결의를 표명하고 있습니다.

본서에 관련된 참고 서적을 각 질문의 끝에 붙이고, 책의 말미에 '더 자세히 알고 싶은 분들을 위해'(125P)에 목록을 게재하였습니다.

부디 장애가 있는 사람이나 없는 사람이 모두 살기 쉽고, 배우기 쉽고, 일하기 쉬운 사회가 되도록 학습 모임이나 연수의 장에 이 책을 많이 활용해 주시기 바랍니다.

DPI일본회장 히라노 미도리

옮긴이 프롤로그

이 책은 국제 장애인권 규범인 유엔장애인권리협약(CRPD: Convention on the Rights of Persons with Disabilities)을 준용하고 있다.

우리나라는 2008년에 CRPD를 비준했다. CRPD는 국제인권법에 따른 인권 조약으로, 장애인의 권리를 보장하기 위해 체결된 유엔 인권협약이다. 이행이 여전히 미흡하며, 장애계의 지속적인 요구에도 선택의정서를 비준하고 있지 않다.

이 협약은 국내법과 동일한 효력을 가진다. 우리나라 헌법 제6조 1항에 따르면, 일반적으로 승인된 국제법규는 국내법과 같은 효력을 가진다고 명시돼 있다. 즉, 한국은 CRPD를 국내법과 동일하게 이행해야 한다.

「장애인의 권리」는 일본에서 장애인이 살아가면서 고민하게 되는 문제들을 실질적으로 묻고 답하는 방식으로 구성된 것이 장점이다. 생명권(출생)에서 청각 장애인으로서 간호사가 될 수 있는지, 장애 가진 동생이 형과 같은 학교에 갈 수 있는지, 부모 사후 지역에서 발달 장애인이 어떻게 살아갈 수 있는지 등등의 장애인의 삶 속에서 던지게 되는 질문들과 난치병은 장애인인지, 존엄사에 반대하는 장애인들의 이유, 활동보조, 의사 및 표현의 자유와 정보 접근권, 통합사회, 차별, 임종까지 일본의 법적 제도적 보장의 내용 25가지를 실질적이고, 철학적인 문답을 소개한다.

용어의 쓰임에 일본과 다소 차이가 있어 옮긴이가 각주에 나름대로 부연 설명을 군데군데 삽입했다. 장애인 당사자들과 인권활동가들이 읽기에 문맥이 평이하게 번역되었는지 마음이 쓰인다.

이 책 일부를 부연 설명하면「물음 1. 태아에게 장애가 있는지 여부를 알 수 있는 검사가 있다고 들었습니다. 어떻게 해야 할지 망설이고 있습니다.」라는 생명권(출생) 관한 문답으로 "「장애는 불행」이라는 편견을 없앱시다. 나 자신도 장애인이지만 어려움은 있어도 이 몸으로 살아가는 것이 재미있습니다. 장애가 있음에도 불구하고 어려움과 맞서서 살아가는 인생은 즐겁습니다. 어떠한 장애가 있어도 태어나는 것, 키우는 것에는 충분한 의미가 있다고 외치고 싶습니다."라는 CRPD에서 모든 사람과 동등한 천부적 생명권이 장애인에게 있으며, 이를 차별 없이 보장하는 것이 당사국의 의무(10조 생명권)이라고 규정하고 있다.

그리고 최근까지 고령 장애인 문제에서 뜨거웠던 이 문항은 한국과 일본의 제도적 현실을 살펴볼 수 있는 기회였다.「물음 13. 몸이 불편해 요양보호사(개호인)의 도움을 받아 생활하고 있습니다. 65세가 되면 노인장기요양보험(개호보험)

으로 넘어간다고 하는데 걱정이 됩니다.」라는 문제는 일본과 우리의 법과 제도적 상황과 별반 차이가 없었다. 장애인 단체와 장애인 당사자들은 그 동안 장애인 활동 지원 서비스를 65세 이후에도 유지할 수 있는 대책 마련을 보건복지부에 지속적으로 요구하였으나 지지부진하였다. 그러나 21대 국회가 들어서면서 장애인 당사자 국회의원들의 적극적인 입법 활동으로 드디어 2020년 12월 2일 「장애인 활동 지원에 관한 법률 일부개정법률안」이 국회를 통과했다. 만 65세가 됐다고, 장애인 활동 지원을 중단하는 것은 '반인권적'이고, 나이를 이유로 활동 지원을 받지 못하는 것은 장애인의 자기 결정권과 선택권을 침해하는 것이기 때문이다. 장애인 활동 지원 서비스란 신체적·정신적 장애 등의 사유로 혼자 일상생활을 영위하기 어려운 장애인에게 활동보조, 방문목욕, 방문간호 등을 제공하는 제도다.

「물음 1」부터 「물음 25」까지는 장애 때문에 지역 유치원 입학을 거절당하는 경우, 장애를 이유로 장애인들을 위한 시설 건설에 반대하는 운동, 장애 때문에 합리적 편의 시설이 충분하지 못한 경우 등을 살펴본 바 이 책이 던져 주는 의미는 참으로 크다고 할 수 있다.

특히, 장애인 인권에 담긴 여러 가지 문답 사례를 통해 이해할 수 있으며, 우리 사회의 장애인 현주소와 일본과의 장애인 정책을 비교하여 살펴볼 수 있었던 것은 집필진의 많은 노력을 읽을 수 있었다.

장애인의 권리와 인권은 사회적 약자에 대한 동정심을 기반으로 한 보호가 필요한 것이 아닌, 모든 사람이 동등하게 누려야 하며 마땅히 보장받아야 할 인권의 기본권임을 우리 모두 다시 한번 기억할 필요가 있다.

이 책은 장애인 당사자를 비롯하여 인권활동가, 장애인단체, 그리고 장애인 인권에 대해 관심을 가진 분이라면 장애인의 권리와 인권에 대해 깊이 있게 생각하고 학습하는 데 더욱더 확장시킬 수 있는 계기가 되는 것은 물론, 장애인의 권리 실현이 활성화되었으면 좋겠다.

끝으로, 번역 출판 기회를 만들어 주신 임상일 교수님과 출간을 도와준 도서출판 두남의 여러분, 아사히신문의 사진 사용 허락을 받도록 도와주신 홋카이상과대 미즈노슌뻬이 교수님, 아낌없는 코멘트와 섬세하게 감수해 주신 정지웅 교수님께도 감사드린다. 그리고 이 책의 번역 기간 동안 저에게 항상 밝은 모습으로 응원해 준 아내 유희정, 아들 진우에게 끝없는 사랑과 감사를 전한다.

신석훈

일러두기

1. 인명이나 지명은 '외래어 표기법'을 참조해 표기하였으며, 원어에 가깝게 표기하는 것을 원칙으로 삼았다.

2. 각주는 '저자 주'와 '역자 주'가 있다. 저자 주에는 특별한 표시가 없고, 역자 주는 주석 앞부분에 '역자 보충설명'임을 표시하였다.

3. 헬퍼, 홈헬퍼, 가이드 헬퍼(활동지원사), 개호인(요양보호사) 개호보험(장기요양보험), 통역개조원(수화통역사, 점역사)로 표기하였다.

차 례

물음 1

태아에게 장애가 있는지의 여부를 알 수 있는 검사가 있다고 들었습니다. 어떻게 해야 할지 망설이고 있습니다.

태어나기 전의 태아에 대한 검사는 출산의 안전을 위해 시작되었습니다. 지금은 임신하면 모두가 받는 초음파검사도 그 하나로 초음파 사진을 기념으로 소중히 여기는 사람도 있습니다. 그렇지만 초음파검사 정밀도의 향상으로 태아의 이상도 알 수 있습니다.

더 나아가 태아의 장애를 진단하는 검사 기술도 개발되어 왔습니다. 양수에 섞여 있는 태아 세포에서 염색체나 선천적 대사 이상 등을 조사하는 양수검사는 일본에서도 1990년대부터 하고 있습니다. 양수는 임신 중인 배에 주사를 놓아서 채취하므로 드물지만 유산의 위험이 있습니다.

부담이 적은 방법으로 고안된 것이 혈액검사입니다. 모체혈청검사는 1990년대 중반쯤에 시작되었습니다. 임신부의 혈액 성분에서 태아의 염색체 이상을 조사해 장애가 있을 확률을 나타내 줍니다. 하지만 이 확률의 수치로는 장애 이상 여부를 알기 어려워 임신부가 불안을 느껴도 의사가 대응하기에 어려운 문제점이 있었습니다.

이에 대해 혈액에 떠도는 태아의 DNA 파편을 검사하는 신형 출생 전 검사는 적중률이 높다고 여겨지고 있습니다. 일본에서는 2013년부터 임상연구로 시작하여 일정 조건을 충족하는 의료기관에서 조건에 맞는 임신부를 대상으로 시행되고 있습니다.

혈액검사나 신형검사도 그것만으로는 확정 진단이 안 되고, 확정 진단은 양수검사가 필요합니다. 또 현재 이런 검사들을 통해서 알 수 있는 것은 일부 장애에 한정된 것으로 모든 장애에 대한 것을 알 수는 없습니다. 우리들도 병원에서 검사를 받지만 그것은 병을 치료하기 위해서입니다. 태아검사도 치료에 도움이 되는 경우가 있지만 치료법이 없는 장애로 진단이 확정되면 대개의 경우 인공임신중절을 하는 것이 현실입니다.

과학기술은 객관적이고 중립적이지만, 실용화되기 위해서는 그 사회의 사고방식을 따릅니다. 의료 분야에서도 그것은 마찬가지입니다. 지금 우리가 사는 사회에서 장애는 본인과 가족의 불행, 사회적 부담이라는 편견이 강하게 남아 있습니다. 실제로 일본에는 장애인을 「불량한 자손」이라고 하여 출생을 방지하는 법률이 있었습니다. 나라에 좋은 일꾼이 될 건강한 아이만을 필요한 수만큼 낳도록 하는 「우생보호법」이라는 법률이었습니다. 이 법률은 1996년에 장애인을 차별하는 조문을 없애고 「모체보건법」으로 개정되었지만, 아직도 편견은 남아 있습니다. 그 때문에 많은 사람이 장애를 가진 아이의 부모가 되는 것을 불안하게 생각하고 피하고 싶다고 생각합니다. 그래서 출생 전 진단 기술이 개발되었습니다.

이미 태어난 장애인에게는 출생 전 검사가 직접적인 해가 되지 않습니다. 그러나 장애를 지닌 태아를 출생하지 않는 것이 당연해지면 장애인에게는 '태어나서는 안 될 사람'이라는 딱지가 붙을 염려가 있습니다. 또 어떤 종류의 장애를 가진 아이가 적어진 사회에서는 그 장애를 가진 사람을 진료할 수 있는 의사가 없어지는 폐해가 있을 수도 있습니다.

아이를 낳고 싶은 사람들은 어떨까요? 장애가 있는 아이는 키우기 힘들까? 키울 수는 있을까? 하는 걱정에 검사를 생각하지만 진단이 확정되면 출산이냐 중절이냐 하는 결단을 내려야 합니다. 검사를 망설이는 사람도 많습니다. 장애의 유무로 아이를 선택하도록 강요받게 되면 아이를 원하는 사람도 괴로울 테지요. 그런 사람들에게 검사를 받도록 몰아가는 사회의 압력이 문제입니다.

압력이 줄어들도록 「장애는 불행」이라는 편견을 없앱시다. 나 자신도 장애인이지만 어려움은 있어도 이 몸으로 살아가는 것이 재미있습니다. 장애가 있음에도 불구하고 어려움과 맞서서 살아가는 인생은 즐겁습니다. 어떠한 장애가 있어도 태어나는 것, 키우는 것에는 충분한 의미가 있다고 외치고 싶습니다.

2006년에 UN에서 채택되어 일본도 비준한 「장애인권리협약」에는 '사회모델'이라는 개념이 있습니다. 타인과 다른 심신의 기능에 '장애'가 되는 것은 사회적 장벽의 탓이므로 그 장벽을 없애자는 생각입니다. 장애가 있는 아이나 없는 아이도 똑같이 축복받으며 키우는 격차가 없는 사회시스템이 필요합니다. 그것은 아이를 원하는 사람들의 안심과 생식의 권리를 보호합니다.

「모체보호법」에서 중절을 인정하는 조건으로 「태아조항」[1]을 만들자는 의견에는 반대입니다. 태아가 장애라는 이유로 중절을 할 수 있으므로 조문에 넣어야 한다는 의견은 여러 차례 있어 왔습니다. 중절에 대한 생각은 여러 가지 있을 수 있지만 산모 자신의 의사에 따른 중절은 조건없이 안전하고 합법적이면 할 수 있기 때문에 태아조항은 불필요합니다. 이 조항을 만들게 되면 장애를 지닌 태아의 중절을 촉구하는 압력이 되고, 여성의 인권도 침해가 되겠지요. 장애에 대한 편견이 있는 사회에서 출생 전 진단은 장애인과 아이를 낳고 싶은 사람 모두의 인권을 위협합니다.

---

1) 태아 조항: 낙태죄를 금지하는 낙태를 모체 보호법이 허용하는 조건은 임신 출산이 산모의 건강을 해치는 경우와 강간에 의한 임신의 경우. 태아의 장애를 이유로 낙태는 전자에 해당한다고 해석되고 있지만, 「태아조항」으로 명시하기를 요구하는 목소리가 있다.

물음 2

아이에게 장애가 있습니다. 살고 있는 지역의 유치원에 입학하지 못 했습니다. 어떻게 하면 좋을까요?

◎ 아이들은 아이들 사이에서 자란다.

장애가 있는 아이도 한 아이로서 같은 세대의 아이들 사이에서 자라는 것이 당연합니다. 그러기 위해서는 지역의 보육원이나 유치원, 어린이집에 들어가 다른 아이들 사이에서 자라는 것이 중요하다고 저는 생각합니다. 40년 가까이 보육현장에서 이를 실천해 보며 그렇게 확신하게 되었습니다. 또 이 확신은 저 자신의 개인적인 확신에 그치는 것이 아니라, 지금은 세계의 상식이 되어 있습니다. 아이들은 아이들 사이에서 자라야 합니다.

◎ 입원 요구 노력

현재도 이 설문처럼 장애를 이유로 다른 아이들과 함께 장애가 있는 아이를 받아들이지 않는 유치원 등이 있습니다. 이것은 아주 유감스러운 일입니다. 그러므로 이 현실을 바꿔 가는 노력이 필요합니다.

일본은 2014년에 장애인권리협약을 비준하였습니다. 이 조약에서는 장애가 있는 사람도 장애가 없는 사람과 동등하게 지역에서 살 수 있는 권리가 있다고 명기하고 있습니다. 장애를 이유로 유치원에 들어갈 수 없는 것은 차별이 됩니다. 그러므로 이 조약에 명시된 것이 바로 실현되지 않는 경우 정부나 자치단체, 그리고 국민의 한 사람 한 사람은 이 이념을 실현하도록 노력할 필요가 있습니다.

실제로 받아들일 수 없다고 거절을 하여도 단념하지 말고, 우선 유치원이 있는 자치단체나 유치원에 대해서도 당당히 아이의 입원을 요구합시다. 입원에 찬성하는 사람들에게 협력을 구하는 것도 좋다고 생각합니다.

장애가 있어도 「비장애아동과 동등하게」 모든 것이 보장되어야 한다고 권리협약에서 정하고 있습니다. 장애가 있는 아이도 함께 키우는 보육을 통합보육이라고 합니다. 유치원에서의 공동생활 경험은 지역의 초, 중학교 생활로 이어지고, 통합교육(inclusive education)으로, 그리고 장래 지역사회 시민으로서의 생활로 이어지게 됩니다. 어렸을 때부터 모두가 서로 도우며 자라는 것이 중요합니다.

◎ 보육실천 노력

장애가 있는 아이가 유치원에 들어가면 보육이 시작됩니다. 그러나 다른 아이들과 같이 집단생활에 참가하는 것이 어려울 수도 있습니다. 우선 아이의 생활 리듬을 정해 천천히 할 수 있는 것부터 보육을 시작합니다. 다만 이 경우에도 다른 아이들과 같이 생활하는 것을 교육방침으로 하는 것이 중요합니다.

때로는 문제가 생길 수도 있겠지요. 그 때는 왜 문제가 생겼는지 주위를 돌아보고, 또 왜 그 아이가 그렇게 했는지 살펴봅시다. 어떤 행동이든 그 아이가 그렇게 하는 이유가 있습니다. 그 아이를 공감하고 이해하며 보육에 힘씁니다.

장애가 있는 아이들의 보육을 생각할 때, 아이들의 장애를 먼저 생각하기 마련이지만 무엇보다도 눈앞에 있는 이 아이 자신의 생각이 어떤지를 아는 것이 필요합니다. 그렇게 하면 이 아이에게 어떻게 대응해야 할지 조금씩 알게 됩니다.

◎ 보육 실천의 네 가지 방법과 보육사와의 연계

보육 실천에는 다음의 네 가지 방법이 있습니다. ① 눈 앞에 있는 아이를 존중할 것, ② 아이들 상호간의 관계를 키우도록 할 것, ③ 클래스 만들기를 할 것, ④ 보육원 환경을 정비(인적 환경 및 물적 환경)할 것 등입니다. 이 네 가지 방법을 연동하여 보육 실천을 해 나갑니다.

추가로 담당보육자가 있을 경우 자칫 보육자가 너무 가까이서 아이들끼리의 관계 형성을 방해하는 경우가 있습니다. 담당보육사는 반의 보육사와 연계하여 중개 역할을 하며 아이들끼리의 관계를 형성하도록 돕는 것이 필요합니다.

보호자의 생각을 듣고 보호자가 어떤 것을 요구하는지를 아이들이 커가는 모습을 지켜보며 서로 의논합시다. 장애가 있는 사람도 지역에서 함께 생활할 수 있는 통합사회(inclusive society)를 어떻게 만들어 갈 것인지를 비장애아동의 보호자도 같이 생각해 보도록 합시다.

물음 3

장애가 있는 동생이 형과 같은 초등학교에 들어갈 수 없다는 말을 들었습니다. 왜 그런가요?

◎ 애초에 통합교육(inclusive education)이 아닌 일본의 교육법 제도

왜 장애가 있는 동생은 장애가 없는 형과 같은 학교에 갈 수 없다는 말을 들었을까요? 우선 법 제도부터 설명하겠습니다. 일본의 법률에서는 장애가 없는 아이가 초등학교에 입학하면 일반학급에 속하게 됩니다. 한편 장애가 있는 아이의 학교 교육에 대해서는 일반학급, 특별지원학급, 특수학교 3가지가 있습니다. 그러므로 장애가 있는 아이의 보호자는 아이가 초등학교에 입학하기 전에 아이가 취학할 곳을 어디로 할지 정해야 합니다.

지방교육위원회는 아이들이 초등학교에 취학하기 약 일 년 전부터 상담을 실시합니다. 그때 보호자는 아이의 취학 처를 어디로 할지 질문을 받게 됩니다. 동시에 아이의 발육 상황 등에 대한 검사가 이루어집니다. 예를 들어 학교교육법시행령 제22조 3항에 「특수학교 취학 대상이 되는 장애의 정도」로 지체부자유한 아동의 경우, 「보장구를 사용해도 보행, 필기 등 일상생활에 기본적인 동작이 불가능 또는 곤란한 경우」 지적 장애라면 「타인과의 의사소통이 곤란하고 일상생활을 하는데 빈번히 도움을 필요로 하는 경우」 등으로 기술되어 있습니다. 그렇다면 휠체어 사용자나 지적 장애로 말할 때 발성이 어려운 아이 등 이른바 '중증장애아동'은 특수학교가 취학 대상으로 간주됩니다.

2013년 문부과학성은 장애가 있는 아동이 원칙적으로 특수학교에 취학하는 시스템을 장애 상태, 교육적인 수요, 전문가 의견, 학교나 지역 상황 등으로 지방교육위원회가 '종합적인 판단'을 해서 취학처를 최종 결정하는 시스템으로 바꾸었습니다. 그 경우 '본인과 보호자의 의사를 최대한 존중해야 한다.'고 되어 있습니다. 적지만 보호자의 의사에 따라 취학처가 정해지는 지방자치단체도 있지만 아직도 많은 지자체는 종래와 같이 위의 조항대로 취학처를 판정해 보호자의 의견이 교육위원회의 판정과 합치되지 않는 경우에는 보호자에게 의사를 바꾸도록 지도하고 있습니다. 또 보호자의 의사대로 취학해도 그 후 특수학급이나 특수학교로 이동하도록 권하는 것이 실상입니다.

◎ 요구되는 통합교육(inclusive education) 의 방향성

그러면 어떠한 법제도가 요구되는 것일까요? 장애인권리협약 제24조에서는 '장애가 있는 아동은 거주하는 지역에서 통합교육(inclusive education)이 이루어지는 학교에 접근할 수 있을 것, 개인의 필요에 대해 합리적인 편의가 제공될 것, 개별적인 지원조치는 완전통합(full inclusion, 지역의 일반학교에 다니는 것)이라는 목표에 준해서 이루어질 것' 등을 체결국에 확보하도록 요구하고 있습니다.

장애를 이유로 학습에 구별을 두지 않는 통합교육(inclusive education)이 필요합니다. 일반학급에서 합리적인 배려나 필요한 지원을 하고, 장애가 있는 아이가 안심하고 학교생활을 해 나갈 수 있는 통합학교의 법제화가 요구됩니다. 그렇게 되면 형제·자매가 각자 다른 학교에 가는 일이나 보호자가 학교 선택을 고심하는 일도 없습니다. 이탈리아나 스페인, 캐나다의 뉴브런즈윅 주, 브리티시컬럼비아 주 등이 이와 같은 법제도를 시행하고 있습니다. 특수학교는 존재하지 않고, 장애의 유무에 관계없이 모든 아이들은 살고 있는 지역의 학교에서 일반학급에 다니며 합리적 편의를 제공받습니다.

아니, 그것은 성급하다, 특수학교를 바로 없앨 수는 없다는 의견이 있을지도 모르겠습니다. 그렇다면 조약에 명시된 대로 적어도 완전 통합을 목표로 해야 할 것입니다. 예를 들어 미국에서는(주에 따라 다르지만) 특수학교가 존재하지만 법률로 장애아동은 '가장 제약이 적은 환경'에서 배워야 하고, 일반학급에서 배우는 통합교육(inclusive education)을 목표로 한다는 방향성이 명확히 제시되어 있어, 통계적으로 일반학급에서 배우는 아이들의 수가 증가하고 있습니다.

일본의 특수교육은 일반학급에서 배우는 통합교육(inclusive education)을 목표로 하는 방향성이 명시되어 있지 않습니다. 특수학급에서 배우는 아이들의 수는 급증하고 있고, 협약이 목표로 하는 통합교육(inclusive education)에도 역행하고 있습니다. 이것은 장애가 있는 아이들이 일반학급에서 안심하며 배우고 생활할 수 있는 제도 설계가 불충분하기 때문에 보호자나 본인이 적극적으로 일반학급을 선택할 수 없는 이유가 되기도 합니다.

통합사회를 창조하기 위해서는 함께 배우고 함께 자랄 권리를 아이들에게 보장하지 않으면 안 됩니다. 왜냐하면 그렇게 자란 아이들이 장래 통합사회를 만들어 갈 것이기 때문입니다. 그러나 이와 같은 상황은 장애가 있는 아이들의 사회참여뿐만 아니라 비장애아동에게도 장애아동과 같이 배울 기회를 박탈하며, 통합사회의 창조에 커다란 장벽이 되고 있습니다. 거시적 안목에서 교육제도를 생각할 필요성이 시급히 요구됩니다.

칼럼

요즘 「통합교육(inclusive education)」이란 말을 자주 듣는데 '통합교육'이란 무엇인가요?

여러분은 초등학생이나 중학생일 때 장애가 있는 아이들과 같은 학급에서 공부했나요? 최근 자주 듣는 통합교육(inclusive education)이란 이것과 깊은 관련이 있습니다. 1994년 살라만카 선언에서 교육은 장애아동을 비롯한 '모든' 아동의 권리이므로 별도의 방법을 택해야만 할 특별한 사유가 없는 한 모든 아동을 일반학교에 입학시켜야 한다고 요구하고 있습니다. 또 유네스코(UN교육과학문화기관)에서는 교육은 통합교육에서 배제된 사람(예를 들어 장애인)뿐 아니라 모든 학습자에게 이익이 되고, 모든 학습자의 교육의 질 자체를 높여야 한다고 말하고 있습니다. 즉 통합교육에서는 장애가 있는 아이를 비롯한 여러 종류의 곤란을 겪고 있는 아동 전체를 수용하는, 질 높은 교육을 될 수 있으면 같은 장소(일반학교)에서 해야 한다는 입장입니다.

또한 2006년에 생긴 장애인권리협약(제24조)에서는 다양성의 존중과 최대한의 발달이라는 교육목적을 위해 생활하는 지역에서 질 높은 통합교육을 장애인에게 확보하고, 개별적으로 나누어 교육하는 경우에도 완전통합(full inclusion = 같은 교실에서 같이 교육받는 것)이라는 목적에 기초해서 교육이 이루어져야 한다고 하고 있습니다.

일본의 상황은 어떨까요? 선천적으로 장애가 있는 아이들은 특수학교에 다니고 있었지만 1979년에 특수학교가 의무화되어 분리 교육체제가 더욱 강화되었습니다. 2013년에 조금 제도가 바뀌어 장애가 있는 아이들이 가는 학교는 '종합적 판단'에 의해 정해지게 되었습니다. 일본정부는 통합교육에 대해 어떻게 생각하고 있을까요. 문부과학성이 정의한 문장을 요약하면, '자유로운 사회에 효과적으로 참가하는 것이 가능하도록 하자는 목적 아래, 장애아동과 비장애아동이 같이 학습하는 시스템을 말한다. 자기가 생활하는 지역에서 초·중등교육의 기회가 주어져야 한다.' 하고 '통합교육 시스템에서는 같은 장소에서 함께 학습하는 것을 추구하면서도, 개별적 교육의 필요가 있는 유아 아동들에 대해서는 그때그때의 교육적 요구에 적합한 교육을 제공할 수 있는 다양하면서 유연한 시스템이 필요하고, 초·중학교에서는 일반학급, 일반학급에서의 특수교육, 특수학급, 특수학교와 같은 연속성이 있는 다양한 학습의 장을 마련하는 것이 필요하다'고 하고 있습니다. 그러나 모든 아이들은 원칙상 지역의 일반학교에 다니되 본인이나 보호자가 희망할 경우에 특수학교나 특수학급에 간다는 시스템이 구비되어 있지 않아 '다양한 학습의 장'이 장애아동과 비장애아동을 구별하는 도구가 되어 버렸습니다.

미국이나 캐나다, 이탈리아 등 국제적으로는 장애가 있는 아이나 그렇지 않은 아이들이 같은 교실에서 질 높은 교육을 받을 수 있는 통합교육이 큰 흐름이 되고 있습니다. 통합교육은 장애가 있는 아이들뿐 아니라 모든 아이들에게 이익이 됩니다. 여러 아이들이 함께 배우고 성장하는 것은 풍요로운 사회를 만들어 가는 원동력이 되고, 이런저런 사정이 있다 하더라도 한 아이라도 소외시키지 않는 통합교육은 차별 없이 모든 사람이 안심하고 같이 살아가는 통합사회를 만드는 기초가 됩니다. 보육원, 유치원부터 대학까지 장애가 있는 아이와 없는 아이가 같이 배우고 자라는 것이 당연한 그런 시대를 만들어 갑시다.

물음 4 지적 장애 등으로 성적이 부족한 아이들은 일반고교에 입학할 수 없나요?

보육원, 유치원, 그리고 초·중학교에서 장애아동과 일반아동이 일반학교에서 같이 배우는 것은 지역에 따라 아직 격차가 크긴 하지만 어느 정도는 이루어지고 있고 있습니다. 일반 사회와 마찬가지로 장애인과 비장애인이 평등한 입장에서 제 각기 다름을 인정하고 자라는 것은 장애아동이 앞으로 지역에서 자립해 나가기 위해서도 중요한 의미를 지닙니다.

다만 고등학교는 초·중학교와 달리 의무교육이 아닙니다. 사립이나 극히 일부 공립학교에서 중·고 일관교육을 실시하고 있지만 대다수가 고교 수험이라고 하는 허들을 넘어야 할 필요가 있습니다.

학교 엘리베이터 설치는 지방자치단체의 조례에 따라 의무적으로 설치가 되어 있는 곳도 있지만 전국적으로 보면 설치가 지지부진합니다. '엘리베이터가 없어서 학교에 장애인이 못 오니 어쩔 수 없지.'라고 생각하기보다 '엘리베이터가 없는 게 이상하다.'라는 발상의 전환에 힘을 실어 주어야 할 필요가 있습니다. 그러나 시설 같은 것은 앞으로도 조금씩 개선되어 갈 것이고, 또 수험 방식도 별실에서 시험을 치르거나 수험시간을 연장하거나 대필자를 배치하는 등 여러 가지 배려가 이루어지고 있습니다.

근본적인 문제가 되는 것은 현행 고교 입시제도가 장애인뿐만 아니라 모든 아이들을 '좁은 학력관(점수)'으로 구별하는 능력주의 체제 속에서 이루어지고 있다는 것입니다. 이러한 상황 속에서, 특히 지적장애를 지닌 학생에게 입시제도는 커다란 벽으로 다가오게 됩니다.

지적장애의 장애 범위는 굉장히 넓어서 현재 측정하고 있는 학력으로 점수를 얻을 수 있는 학생도 있지만 많은 학생들에게는 학력에 중점을 둔 평가로 입시 제도를 거쳐 고등학교에 입학하는 것은 어려운 실정입니다.

그러나 현실이 그렇다고 해서 고등학생 때 비장애아동들과 같이 공부하고 싶은 장애아동은 가혹한 현실에 직면하지 않을 수 없습니다.

실제로 점수를 따는 것이 어려운 지적장애를 지닌 학생이 입시제도의 벽을 넘어 합격하는 경우는 대개 정원 내 합격(모집 인원보다 수험자가 적음. 즉 인원 미달)입니다. 그러나 정원 내 합격을 했어도 고등학교나 교육위원회의 결정으로 불합격이 되는 경우도 많습니다.

또 고등학교에 입학해도 점수가 낮은 장애인은 진급에 문제가 있습니다. 고등학교를 졸업하기 위해서는 수업을 수료

해야 하는데, 장애인도 유연하게 판단을 내리면 진급이 가능합니다. 예를 들어 오사카 경우 '평가 상태나 방법을 장애 상황에 따라 검토하거나 다각적 종합적으로 평가할 것' 등 일률적으로 시험 등 점수만으로 측정하는 것이 아니라, 다양한 방법을 검토할 것을 전 오사카부 고등학교에 문서로 통지하고 있습니다.

이처럼 지적장애가 있어도 일반학교에서 수학하는 것은 가능합니다.

또한 현실에서 일종의 차별이라고 할 수 있는 입시제도에 도전함과 동시에 현재의 제도 자체를 바꾸어 가는 것도 필요합니다. 오사카부에서는 2006년 입시에서 지적장애를 지닌 학생이 일반학교에 들어갈 수 있도록 '특별전형'을 일부 학교에서 실시하게 하였습니다. 그러나 이것으로 입학이 가능한 학생은 매년 30여 명 정도 밖에 안 되어 일반학교에 가고 싶어 하는 장애 학생의 욕구를 충족시키지 못하고 있습니다.

일찍이 장애인의 초·중학교 입학을 문부과학성의 방침이나, 지역교육위원회나 주위의 몰이해 속에서도 투쟁을 통해 쟁취한 것처럼 고등학교 입학에 대해서도 여전히 쟁취를 위한 싸움이 필요하다고 봅니다.

고등학교 입학을 희망하는 모든 장애가 있는 학생이 고교생활을 원활하게 하려면 원칙적으로 지원이 필요한 장애 학생은 환경이 갖춰진 장소=일반학생과는 다른 장소에서 배워야 한다는 실질적인 격리체제를 어떻게 바꾸어 갈 것인지, 나아가 초·중학교 현장이나 지역민들의 의식을 어떻게 높여나갈 것인지가 과제가 됩니다.

그리고 그것은 장애 학생뿐만 아니라 비장애 학생에게도 여러 가지 지원이 필요한 경우도 있으므로 장애가 '있다, 없다'에 관계없이 한 사람 한 사람의 교육적 필요에 어떻게 대응할 것인가, 교육의 본연의 모습에 대한 문제를 어떻게 파악할 것인가로 이어진다 하겠습니다.

물음 5 장애가 있는 대학생이 다른 학생처럼 공부할 수 있나요?

장애가 있는 당신은 '어느 대학에 자신이 응시할 수 있는지, 어떤 편의를 받아서 학생 생활을 해 나갈 수 있는지'를 불안하게 생각하면서 이 설문을 읽고 있는지도 모르겠습니다.

그렇지만 안심하세요. 수많은 장애가 있는 학생들이 일본에서 대학을 다니고 있습니다. 그리고 여러 가지 편의를 제공받으며 학생 생활을 하고 있습니다. 한편, 일본의 고등교육에서는 장애인은 '특수 대학'에 가야 한다는 제한은 없습니다. 그런 의미에서 장애인에게 일본의 고등교육은 아주 통합적인 교육이라고 할 수도 있겠지요.

그렇다면 장애가 있는 학생은 어떻게 대학을 선택하면 좋을까요? 세 단계로 설명하겠습니다. 첫 번째는 자신이 무엇을 배우고 싶은지 잘 생각해 봅니다. 장애가 있는 학생은 편의를 제공받기 때문에 대학에 가는 것이 아닙니다. 배우고 싶은 것도 있고, 목표하는 것도 있고, 친구들과 즐거운 학교생활을 보내기 위해 대학에 가는 것입니다. 그러므로 처음부터 장애인에 대한 합리적 편의가 잘 제공되고 있는 대학만을 고르게 되면 자신의 목표에서 벗어나게 됩니다.

두 번째는 자신의 장애와 필요한 합리적 편의가 무엇인지 아는 것입니다. 대학을 가고자 할 때 자신에게는 어떤 장애가 있고, 어떤 편의 제공이 필요한지를 생각하는 것은 자립 생활의 첫걸음으로 대단히 중요합니다. 각자의 학력에 따라 특수학교에서 필요한 편의를 제공받았던 사람도 있고, 고등학교에서 아무런 편의를 제공받지 못한 가운데 필사적으로 노력한 사람도 있을 것이라 생각합니다. 그러나 이제까지의 환경이 어떠했든지 간에 대학에 들어가기 위해서는 자신이 쾌적하게 시험을 치르며 학생 생활을 보낼 수 있도록 합리적 편의를 획득해야 합니다. 그러기 위해서는 예를 들어, '쓰기, 읽기, 생활' 등에 어떠한 배려가 필요한지, 어디서 자신은 무리를 해 왔고 어떤 편의가 제공되면 쾌적하게 배울 수 있는지를 아는 것이 아주 중요합니다.

세 번째는 자신이 공부하고 싶은 대학의 장애인 수용 상황을 알아보고, 공부하는데 필요한 편의와 비교·검토해 보는 것입니다. 일본에서 대학이 제공하는 장애인에 대한 합리적 편의는 각 대학의 자율에 맡겨져 있어 국가적으로 통일된 것이 아닙니다. 또 같은 배려의 내용인 것 같아도 대학에 따라 관점이 다르고, 조금씩 편의를 제공하는 내용도 다릅니다.

그러므로 제공되는 편의 내용을 검토할 때 전국장애학생지원센터가 발행하는 '대학 안내 장애인판'(최신판은 『대학안내

2014 장애인판』)의 데이터를 참고하시면 됩니다. 장애 별로 시험이나 학교생활에서 어떠한 편의를 제공하고 있는지를 장애 당사자의 관점에서 구체적으로 알 수 있습니다. 이를 자신이 원하는 합리적 편의와 비교해서 자신이 그 대학에서 배우는데 문제가 없는지를 각해 보는 것이 중요합니다. 그 때 자신이 원하는 합리적 편의 중 '절대 없으면 안 되는 것은 무엇인지'도 고려해 둡시다.

2016년 4월부터 장애인 차별해소법이 시행되어 국공립대학, 국립고등전문학교(고전)에서는「부당한 차별 금지」와「합리적 편의의 제공」이 법률적 의무로 규정되어 있습니다. 예를 들어, 지금까지 장애인이 거의 진학하지 않았던 의학, 약학 계열의 대학에서도 국공립대학이라면 이와 같은 모든 법적 의무가 부과됩니다. 한편 사립대학에서는「부당한 차별 금지」가 법적 의무로「합리적 편의의 제공」에는 노력할 의무로 규정되어 있습니다. 장애인을 지원할 수 있는 강력한 도구가 생겼다고 할 수 있습니다.

또 합리적 편의를 요구할 때는, 2012년에 나온 문부과학성의「장애가 있는 학생의 수학 지원에 관한 검토회의 보고(제1차 정리)」가 하나의 기준이 됩니다.

사람이 태어나서 무언가를 배우지 않고 살아갈 수는 없습니다. 사람은 항상 배우면서 살아갑니다. 이것은 사람이 교육을 받을 권리의 본질과 교육원리의 근간을 이루기 때문입니다. 한편 배우는 것에 제약을 가하는 사회가 아직도 남아 있습니다. 배우는 것에 제약을 가하는 사회는 사람이 살아가는 데 제약을 가하는 사회나 다름없습니다. 장애인차별해소법을 시작으로 갖가지 배움에 대한 제약을 해소해 감으로써 우리들은 '배우고 싶을 때 배우고 싶은 장소에서 자유롭게 배울 수 있는 사회'를 지향할 수 있습니다.

리프팅(급류 타기)을 즐기는 기타무라 카나코 씨. 중증 중복장애를 지녔지만 지역 초·중학교에서 공부하고, 대학에 청강생으로 5년간 다녔다. (사진 제공 : 카타무라 카나코 씨)

참고: 무소우 타카시·키타무라 카나코, 「최중증 중복장애아 카나코짱의 삶 – 지역 일반학급에서 생활한다는 것」, 아카시서점, 2006.

물음 6

저는 청각 장애가 있는데 장래 간호사가 되고 싶습니다. 장애가 있으면 할 수 없는 직업이 있다고 들었습니다. 전 간호사가 될 수 있을까요?

지금은 간호사, 약사, 의사 등으로 청각 장애가 있는 사람도 있습니다. 간호사로 병원, 임상, 회사, 양호실, 방문 간호, 사회복지 시설 등에서 일하는 사람이 있습니다. 취직 후 청각 장애인이 되어 직장에서 여러 조치와 조정을 해 나가며 일을 계속하고 있는 사람도 있습니다. 청각 장애가 있는 사람뿐만 아니라, 눈이 보이지 않는 사람이나 정신 장애가 있는 사람도 있습니다.

'장애가 있으면 할 수 없는 직업이 있다고 들었다'는 것은 2001년 6월까지의 법률에서 장애를 이유로 '면허를 주지 않는다'는 '결격 사항'을 말한다고 생각합니다. 오랫동안 문전박대를 해왔던 법률이 바뀌어 장애나 질환이 있는 사람도 간호사라면 간호, 약사라면 조제, 의사라면 진단이라는 그 직업에서의 본질적인 일을 할 수 있으면 면허를 교부하게 되었습니다. 필요에 따라서는 장애를 보완할 수단이나 대신할 방법을 사용하거나 적절한 치료를 받을 것 등도 포함되었습니다. 즉 법률을 재검토해 '혼자서 뭐든지 할 수 없으면 불가', '장애가 없는 사람과 같은 방식으로 일할 수 없으면 불가'라는 그때까지 당연시되어 왔던 일에 대해서도 재검토하게 되었습니다.

예를 들어, 약사법에는 '환자나 의사와 음성으로 말을 할 수 없으면 안 된다.'는 이유로 '청각 장애인은 면허 교부 불가'라는 결격 사항이 있었습니다. 그러나 약사는 처방전을 읽고 약을 조제하는 것이 본질적인 일입니다. 환자나 의사 등의 연락이나 이야기도 음성이나 전화 대신 전자메일이나 팩스, 필담 등을 사용함으로써 확실히 할 수 있습니다. 면허를 교부하지 않을 이유는 없다는 의견 제기가 있어 2001년 7월 약사법에서 청각 언어 장애 결격 사항이 삭제되었습니다.

약사법, 의사법, 간호사법 등 일련의 법률이 바뀌게 된 계기는 약사 국가시험에 합격했는데도 불구하고 결격 사항 때문에 면허 교부 신청을 각하 당한 청각 장애 여성이 단념하지 않고 시정 요구를 계속했기 때문입니다. 그녀는 2001년 법 개정과 동시에 면허를 취득할 수 있게 되어 병원에서 약사를 하고 있습니다. 그 모습을 보고, 뒤이어 약학부에 진학하는 청각 장애인도 나왔습니다.

한편, 시각장애에 대해서는 '약사 면허를 부여하지 않는 경우도 있다.'라는 결격 사항이 아직 남아 있지만 위에 기술한 대로 2001년 이전까지와는 달라졌습니다. 팀으로 일할 경우 조제는 눈이 보이는 사람이 담당하고, 약에 대해 의사에 문의를 하거나 환자에게 설명을 하는 일은 눈이 보이지 않는 사람이 담당하는 등의 방법도 있습니다. 그리고 약사의 일이나 활동 범위는 약국에서 조제하는 것뿐만 아니라 조사, 연구, 스포츠파마시스트[2] 등 폭이 넓습니다. 팀 의료라는 말을 자주 듣지만, 팀으로 할 수 있는 일, 면허를 살릴 수 있는 일, 취업의 길이 넓은 것은 간호사나 다른 직업에 대해서도 마찬가지입니다.

장애가 있는 사람이 응시하는 것을 고려하지 않았던 국가시험도 2001년을 경계로 변하였습니다. 의사의 경우 눈이 보이지 않는 수험자에게는 점자나 음성으로 시험을 보는 방법도 도입되었습니다. 그 후 의사국가시험에 응시해 합격한 눈이 보이지 않는 의사 중 한 사람은 정신과에서 임상의를 하고 있습니다.

의료 계통의 학교나 학부에서는 장애가 있는 사람의 수험을 거절하는 일이 자주 있었지만 2001년 전에 비하면 비약적으로 장애가 있는 사람을 받아들이게 되었습니다. 현재 장애가 있는 종사자 모임이나 학생 모임도 있어 경험이나 정보가 교환되고 있습니다.

꿈을 포기하지 않고 아무것도 없는 데서 길을 개척한 사람이 있었기 때문에 이와 같이 바뀌었습니다. 약사 면허를 손에 넣은 여성 이외에도 의사가 된 후에 귀가 들리지 않게 되어

---

2) 스포츠파마시스트: 스포츠에 있어 도핑 방지에 대한 전문 지식을 갖고 있는 약사로, 공인 자격제도가 있고 스포츠 현장이나 경기대회 등 활동분야도 넓다. 선수나 애호가에게 약의 올바른 사용 방법 지도, 약에 관한 건강 교육과 보급 및 계발 등의 일을 함.

근무처인 병원에서 청각 장애 외래 분야를 개설하여 의료를 계속해 온 사람도 있었습니다. 이런 사람들의 호소가 의회나 여론을 움직여 법률을 바꾸었습니다.

그리고 2016년부터는 '장애의 유무에 의해 차별 받지 않는 통합사회'를 목적으로 하는 「장애인차별금지해소법」, 합리적 편의의 제공을 의무화한 「개정장애인고용촉진법」이 시행되어 학교나 직장에서 보장받을 수 있게 되었습니다.

선배들의 뜻을 이어받아 단념하지 말고, 일상의 학업이나 일 속에서 직면하는 과제나 장벽에 도전합시다. 그 과정에서 경험하고 도전한 것에 대해 아직 장애가 있는 사람과 함께 배우고 일한 적이 없는 사람들에게도, 뒤를 잇는 사람들에게도 그 뜻을 전합시다.

물음 7

장애가 있는 사람을 고용하는데 합리적인 편의란 어떤 것인가요?

장애인을 고용하는데 있어 합리적 편의란, 장애인고용촉진법 제36조 2, 3, 4항에 정해져 있습니다. 「장애인이 아닌 근로자와의 평등한 대우 확보」와 「장애인인 근로자가 지닌 능력 발휘」를 위해 사업주에게는 「과중한 부담이 되지 않는 범위」에서 「필요한 조치를 강구하여야 한다.」라는 것입니다. 장애가 없는 사람에게 보장된 권리를 장애가 있는 사람에게도 보장한다는 관점에서 장애가 있는 사람과 협의하여 그 의사를 존중한 합리적 편의를 제공하는 것이 장애가 있는 사람의 고용 확대로 이어집니다. 사업주는 「장애인이 일하기 쉬운 직장은 누가 와도 일하기 쉬운 직장이 된다.」는 인식을 가지는 것이 필요합니다.

필자는 태어나면서부터 뇌성마비라는 장애가 있습니다. 일상생활에 전동휠체어를 이용하며 공립중학교 수학교사로 일하고 있습니다. (자세히는 산노헤 마나부 「나는 결혼할 수 있을까요?」(무묘우샤출판, 2010년) 본 글에서는 공립학교 교원의 예를 들어, 장애가 있는 근로자를 고용할 때의 합리적 편의에 대해 '교사가 일을 할 때 필요한 합리적 편의'와 '통근에 필요한 합리적 편의'로 나누어 설명하겠습니다.

필자는 교내 이동, 수업 필기, 프린트 배부 등 여러 가지 일을 동료의 지원을 받으며 하고 있습니다. 부임한 학교의 현관에는 슬로프와 손잡이가 설치되었습니다. 엘리베이터가 있는 학교는 동료에게 부탁할 필요 없이 전동휠체어로 교내를 이동할 수 있지만 그렇지 않은 학교에서는 동료에게 부탁해서 계단승강기나 동료의 어깨를 빌려 계단을 오르내리고 있습니다. 이처럼 학교시설의 배리어프리(barrier free)화에 따라 편리함이 달라집니다.

지원을 해 주는 사람의 배려도 중요합니다. 지원을 해 주는 사람은 장애인을 대신해 일을 하는 것이 아니라 주어진 일을 할 수 있도록 장애인을 지원하는 것이 일입니다. 지금까지 필자는 혼자서도 할 수 있는 일을 해 왔지만 앞으로는 저에 대한 합리적 편의 제공을 받아가며 일을 해나가고 싶습니다. 그리고 이 인식을 동료와 공유하고 싶습니다. 적절한 합리적 편의가 제공되면 장애인도 일을 할 수 있다는 것을 아이들에게 알릴 수 있는 기회도 됩니다.

통근할 때의 합리적 편의 제공도 중요한 과제입니다. 공립학교의 교원은 수년마다 정기 인사이동이 있어 통근 루트와 이동 수단도 변경이 되는 경우가 많습니다. 필자는 현재 통근 수단으로 공공 교통기관인 JR이나 복지 택시를 이용하고 있습니다.

자택이나 현장에서 가까운 역까지 이동 수단을 확보할 필요가 있는 경우 비나 눈이 올 경우를 생각하면 복지택시 이용이 안전하다 생각됩니다. 복지택시 통근은 공공버스 통근과 같은 범주의 통근으로 간주하여 버스 통근 요금을 수당으로 지급하고 있습니다. 버스 요금에 비해 복지택시의 운임은 훨씬 비싸므로, 실제 통근비에서 지급되는 통근 수당과의 차액은 본인이 부담해야 합니다. 통근수당 규정에는 장애가 있는 사람이 복지택시를 통근 수단으로 이용하는 것을 상정하고 있지 않습니다. 대상자를 살펴 복지택시에 통근 수당을 지급하도록 제도를 개선할 필요가 있습니다.

또한 JR 이용 시 전철과 플랫폼 사이에 이동 경사로를 부착하는 승·하차 지원과 계단 승강기에 의한 계단 이동 지원이 필자에게 필요한 지원입니다. 법률(장애인차별금지법)상으로 이 경우에 합리적 편의 제공의 책임은 고용주(학교)가 아니라 공공교통기관(JR)이 되고, 민간 사업자에게는 합리적 편의(이와 같은) 제공을 위해 노력할 의무가 있습니다.

수도권을 제외하고 지방의 전동휠체어 이용자가 공공교통기관을 일반 이용자와 같이 이용하는 것은 어려운 상황입니다. JR로부터는 처음에 다음과 같은 조건을 제시 받았습니다. '통근할 때 이용하는 전철 시간은 정시로 한다. 갑작스런 전철 시간의 변경이나 오후 9시 이후의 승·하차 지원은 역무원 배치 문제로 대응에 어려움이 있다.' 일에 사정이 있어 출근 시간이나 퇴근 시간이 변경이 되었을 때 사전 연락의 경우에는 지원을 받을 수 있지만 당일 변경이나 오후 9시 이후의 지원은 어렵다고 난색을 표했습니다.

장애가 없는 사람과 똑같이 언제, 어디서나 JR을 이용할 수 있도록 장애가 있는 사람에게 필요한 이동 지원으로 차장실에 이동 경사로를 상비하고, 차장이 장애가 있는 사람의 승·하차 지원을 해줄 것을 제안했지만 '승·하차 지원은 차장 업무가 아니어서 다른 업무에 지장을 주기 때문에 차장 지원은 어렵다.'라는 답변을 JR로부터 들었습니다.

각 지자체에서는 이동 지원으로 자립 생활 및 사회 참여를 촉진시키기 위해 이동 지원 사업을 실시하고 있습니다. 앞으로의 방향은 통원이나 여가활동뿐만 아니라 통근에도 행정 서비스를 이용할 수 있도록 제도를 확대할 필요가 있습니다. 일하는 장애인은 노동정책과 복지정책의 틈새 사이에 있어 양쪽 모두의 지원이 중요합니다.

물음 8

장애가 심한 사람의 고용에는 어떤 지원이 필요합니까?

우선 세 가지 사항에 대해 정리해 보겠습니다. 장애란 무엇인가, 장애가 심하다는 것은 어떤 것들인가, 그리고 고용이란 어떤 것인가.

장애인하면 휠체어에 타고 있는 사람을 머리에 떠올릴 지도 모르겠지만 실제로는 좀 더 범위가 넓습니다. 신체 장애인의 경우 걸을 수는 있지만 수족에 장애가 있는 사람이나 시·청각 장애인, 그리고 내장 등에 장애가 있는 사람도 있습니다. 또한 지체 장애인 외에 지적 장애, 정신 장애가 있는 사람도 있고, 최근에는 발달 장애인과 난치병인 사람도 장애인으로 인정하고 있습니다. 나아가 법률도 개개인의 장애와 사회관계로 생활하기 어려운 사람을 장애인으로 규정하는 방향으로 바뀌어 왔습니다.

그러면 장애가 심하다는 것은 어떤 것을 말하는 것일까요. 우선 제도적인 면에서 신체, 지적, 정신 등의 장애가 각각의 장애인 수첩에 중증에서 경증까지 등급으로 정해져 있습니다. 그러나 수첩에는 경증이라고 정해져 있어도 실제로는 제도의 미비와 주위의 몰이해 등의 이유로 일상적 생활이 어려운 사람도 있습니다.

다음으로 고용이란 무언가를 생각해 봅시다. 장애인에게 '일을 한다'는 것은 두 가지 형태가 있습니다. 하나는 복지제도를 이용해서 작업장 같은 데서 일을 하는 '복지적 취로'와 회사나 시청 같은 곳에 고용되어 일을 하는 '고용 노동'이 있습니다. '복지적 취로'의 경우에는 평균 월 1~2만 엔의 공임(工賃)이, '고용 노동'의 경우에는 십 수만 엔의 급료가 나오는 것이 현실입니다.

급여에 많은 차이가 나고, 제도도 크게 둘로 나뉘어져 있는 것에 의문을 표하는 소리도 많습니다. 또한 복지제도지만 회사처럼 고용되어 급료가 나오는 '취로 계속 지원 A형 사업소'라는 형태도 있습니다.

그럼 이렇게 정리한 후 본제로 들어갑시다. 장애가 심한 사람의 고용에는 어떤 지원이 필요할까? 입니다. 우선 실제로 일을 하려면 일을 배워야 하는데 지적 장애가 있는 사람의 경우 언어로 설명을 듣는 것만으로는 그것을 알기가 어려운 것이 현실입니다. 그래서 '잡 코치'와 같이 스태프나 직장 동료 등이 모델이 되는 방식을 실제로 해 보이며 본인의 이해를 돕는 방법이 있습니다.

또한 시각이나 청각에 장애가 있으면 서류를 읽을 수 없거나 미팅에서 말을 알아듣지 못하기도 합니다. 이래서는 일을 할 능력이 있어도 그 능력을 발휘할 수 없게 됩니다. 그러므로 커뮤니케이션에 장애가 있는 사람의 경우 점자 자료나 낭독, 텍스트데이터 제공 또는 수화나 필담 등의 방법에 의한 정보 제공이 필요합니다. 최근에는 편리한 IT 기기도 개발되어 있지만, 어느 방법이 좋은지는 본인과 잘 얘기해 본 뒤 활용하는 것이 중요합니다.

또한 일을 할 때 도움이 필요한 경우도 있습니다. PC로 하는 일은 잘하지만 직장 내 이동이나 식사 등을 스스로 하는 것이 어려운 중증장애인이 동료와 팀이 되어 홍보지 제작을 담당하고 있는 어떤 분의 경우는 같은 공간에서 일을 하고 있는 동료가 필요할 때마다 도움을 주고 있습니다.

발달장애가 있는 사람의 경우 자세한 데이터 입력은 할 수 있지만 전화 응대는 어렵다는 사람도 있습니다. 이런 것을 주위 사람들이 이해하지 못하면 정말 할 수 있는 일도 할 수 없게 됩니다. 그런 의미에서 일할 때의 장애 정도는 본인과 직장 환경과의 관계로 정해진다고 할 수 있습니다.

이처럼 중증장애인의 고용에 많은 지원이 있지만 아직 해결되지 않고 있는 것도 있는데 그 중의 하나가 통근 지원입니다. 기한이 정해져 있는 국가 지원금이나 일부 시에서 시행되고 있는 일시적인 이동 지원 제도도 있지만 통근 지원이 도대체 복지와 노동 중 어느 부서에서 이루어져야 하는가에 대해서는 의견이 분분합니다.

그리고 2018년에는 정신 장애인의 고용이 의무화됩니다.[3]

정신 장애가 있는 사람이 안심하고 의료기관을 다니며 상담할 수 있는 사람을 어떻게 충족시켜주느냐 하는 것이 과제입니다.

다른 장애인에게도 출근에 필요한 생활 리듬을 지킬 수 있도록 지원이 필요한 경우도 있고, 일할 때에는 생활면에서의 지원도 중요해집니다.

법률이 개정되어 회사에서 채용 면접 때나 채용 후에 합리적 편의 조치를 하도록 되어 있습니다. 이제까지 '지원'한 예도 참고하여 합리적 편의가 확대되고, 장애가 심한 사람의 고용도 더욱 확대되길 기대해 봅니다.

---

3) 정신 장애인의 고용 의무화 : 현재 종업원 수 50인 이상의 민간 기업은 신체 혹은 지적 장애인을 고용하는 것이 의무화되어 있습니다. 여기에는 정신 장애인도 포함됩니다. 그 결과 의무를 지게 되는 기업의 규모는 지금보다 작아질 것으로 예상됩니다.

물음
9 장애가 심한 사람이 자기가 살고 있는 지역에서 생활할 수 있습니까?

장애가 심한 사람도 여러 부류가 있는데, 여기서는 인공호흡기 같은 의료 케어가 필요한 장애인에 대해서 이야기해 보겠습니다.

인공호흡기라고 하면 어떠한 이미지가 떠오릅니까? 아마 병원 집중 치료실 침대에서 많은 호스를 연결하고 의식도 없이 기계로 살아가고 있는 사람이 아닐까요? 분명히 얼마 전까지만 해도 그랬을지도 모릅니다. 전에는 인공호흡기를 병원 안에서만 사용할 수 있었으니까요.

그렇지만 '사는 곳에서 학교도 못 가고, 사랑할 줄도 모르고, 병원 천장만을 바라보고, 이대로 죽어가는 것은 싫다. 삼일 만에 죽어도 좋으니 병원 밖에서 자신이 원하는 대로 살고 싶다.'라는 사람들이 나타나고, 그들이 용기를 내서 자신이 사는 지역으로 나온 것입니다. 그들이 생활하기 위해서는 많은 자원봉사자가 필요했습니다. 몇 백만 엔이나 하는 호흡기를 구입하기 위해 집을 판 가족도 있었습니다. 당시에는 그런 인맥이나 경제력이 있는 사람들만이 병원을 뛰쳐나오는, 용기 있는 실천을 할 수 있었습니다.

그 이후「의료적인 케어가 필요한 사람들이 좀 더 생활하기 편리한 지역에서 생활할 수 있도록 제도를 정비하자」는 흐름으로 바뀌었습니다. 1990년에는 '재택 인공호흡 지도 관리 사용료'가 진료 보수로 산정되면서 집에서도 병원의 인공호흡기를 렌탈하여 사용하는 것이 가능해졌습니다. '철의 폐'라고 불리는 드럼통 같은 거대한 인공호흡기도 점점 소형화되어 지금은 휠체어에 올려놓을 수 있게 되었습니다.

사람의 손을 빌리는 것은 어떨까요. 인공호흡기 사용자 중 목에 구멍을 내어 호흡기를 연결하는 '기관 절개'를 받은 사람은 '흡인'이라는 처치를 받아야 합니다. 스스로 기침을 해서 뱉어낼 수가 없는 가래를 흡인기라고 하는 기계로 빨아내는 처치입니다. 또 병의 종류나 병상에 따라 밥을 입으로 먹지 못하는 사람은 직접 튜브로 위에 영양을 주입하는 '경관 영양'이라는 방법으로 식사를 합니다.

이런 '흡인'이나 '경관 영양'의 처치는 의료 행위이기 때문에 의사나 간호사 이외에는 할 수가 없었습니다. 장애인이 지역에서 생활을 할 때 헬퍼(활동지원사)라는 사람들이 도움을 주지만 이들은 이런 의료행위를 할 수 없었습니다. 그 때문에 '흡인이나 경관 영양'은 의사로부터 직접 지도를 받은 가족만이 할 수밖에 없어 가족은 한시도 쉴 수 없었습니다.

그러나 2012년부터 법률이 바뀌어 이 의료 행위에 대해

'제3호 연수'를 받은 헬퍼(활동지원사)는 이런 처치로 장애인을 돕는 것이 가능하게 되었습니다.

더불어 호흡기 사용자의 지역 생활을 위해 정비하지 않으면 안 될 것은 재난 대비를 위한 대책입니다. 인공호흡기는 항상 전원이 필요합니다. 병원에서는 정전이 되어도 보조 전기가 들어오지만, 재택일 경우 그와 같은 설비가 없기 때문에 막상 그와 같은 일이 닥치면 예비 배터리가 필요합니다. 그러나 얼마 전까지만 해도 배터리는 스스로 구입해야 했습니다. 외부 배터리는 5만에서 20만 엔까지 하며, 그것도 몇 년이 지나면 성능이 떨어져 새로 사야 하기 때문에 이용자들에게는 커다란 부담이 되어 구비하고 있는 사람이 얼마 되지 않습니다.

그때 3.11 동일본 대지진이 일어난 것입니다. 현지에서 많은 호흡기 사용자가 사망했습니다. 도쿄에서도 '계획 정전' 때문에 전원의 확보만을 위해 피난 입원을 할 수밖에 없는 사람도 있었습니다. '가까운 장래에 관동대지진이 일어나면… 각지에서 같은 대지진이 일어나……' 하는 불안 때문에 호흡기 사용자를 중심으로 관계 단체가 연명을 하여 도쿄도와 후생노동청에 긴급 요청서를 제출하였습니다. 「호흡기 사용자에게 예비 배터리를 무료 배부해 주세요!」 도쿄도는 바로 추가경정예산을 꾸려 지진이 난 해의 9월 이후, 호흡기를 사용하는 도쿄도민에게 필요한 대책을 취했습니다. 그 다음해 후생노동청에서도 의료 보수에 대한 개정이 이루어져 전국 호흡기 사용자가 예비 배터리를 보험으로 렌탈 할 수 있게 되었습니다.

지금은 방문간호사나 왕진 의사와 연계해 헬퍼(활동지원사) 등, 지원자의 서포트를 받아 병원이 아니라 지역에서 생활하는 호흡기 사용자가 2만 명을 넘고 있습니다.

장애는 중증과 경증이 있지만, 지역에서의 생활을 획득하기 위해 당사자가 투쟁하고 쟁취했다는 공통점이 있습니다. 그리고「어떤 중증 장애가 있어도 일반 사회로부터 격리된 장소가 아닌 지역에서 보통의 생활을 하고 싶다」는 장애인의 생각을 받아 준 것은 지역 사람들의 역할이 아주 큽니다.

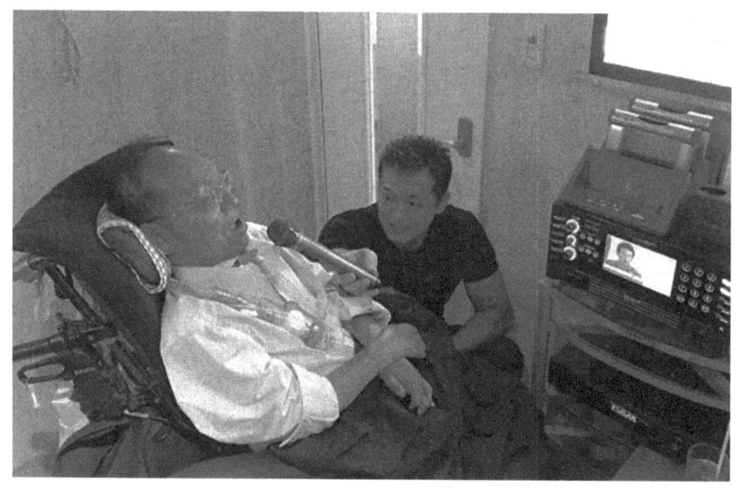

노래방을 즐기는 오다 마사토시 씨. 손발은 거의 움직이지 않지만 인공호흡기를 사용하며 자립생활을 하고 있다. (사진제공: 오다 마사토시씨)

참고 : 코네트~인공호흡기 사용자 자신의 목소리로
http://conetnet.web.fc2.com

물음 10 장애가 있는 사람들을 위한 시설 건설에 반대하는 운동이 있는 것을 신문이나 TV에서 알았습니다. 무엇 때문인가요?

장애가 있는 사람들이 일하는 장소나 그룹홈 등을 건설하려는 계획이 지역주민들의 반대에 의해 진척이 되지 않거나 중단되는 것을 '시설 콘플릭트'라고 합니다. '콘플릭트'에는 다툼과 대립이라는 의미가 담겨 있고, 시설 콘플릭트(시설 마찰)는 '인권 마찰'이라고도 불립니다.

2014년 1월에 NHK에서 방영된 시설 마찰에 관한 프로그램에 의하면 근래 5년간 60건 정도의 그룹홈 시설에 대한 반대 운동이 일어났다고 보도되었습니다. 그리고 60건의 반대 운동 중 시설을 단념하거나 건설 예정지를 변경할 수밖에 없었던 경우가 전체의 과반 이상인 36건이나 되었다는 보도도 있었습니다.

그럼 이와 같은 시설 마찰은 왜 일어나는 것일까요? 지역주민이 반대하는 주된 이유는 '시설은 필요하지만 왜 이 장소인가?, 장애인은 어떤 행동을 할 지 몰라서 위험하고 불안하다, 행정이 주민에게 피해가 되는 시설을 밀어붙이고 있다.'

등입니다.

이런 말이 나오는 배경에는 장애가 있는 사람들에 대해 잘 모르거나 오해나 편견, 행정에 대한 불신감이 있기 때문이라고 생각됩니다. 특히 정신 장애인에 대한 오해나 편견은 뿌리가 깊어서 많은 사람들이 장애인 때문에 "신문이나 TV에서 보도되는 흉악 범죄가 일어나는 것은 아닐까, 무슨 일이 나면 누가 책임을 지나?"라는 말을 합니다.

그러나 많은 주민들이 장애가 있는 사람이나 정부의 장애인 대책에 대해 잘 모르고 잘못된 정보나 편견에 따라 의견을 말하는 경우도 적지 않다고 생각합니다.

사람들은 정신 장애인의 범죄에 대해 자주 이야기합니다. 하지만 2015년 '범죄백서'와 같은 데이터에 의하면 정신 장애인의 범죄율은 0.1%로 전 인구의 범죄율 0.2%(추정)와 비교해도 결코 높지 않습니다. 그러나 그런 잘못된 오해나 편견은 매스컴의 부정확한 보도나 정보 또는 오랜 습관이나 풍문에 의한 것이라고 생각합니다.

가까이서 장애인과 접할 기회가 적으므로 일반인은 모르는 것에 대한 불안과 두려움은 누구나 갖는 것입니다.

그러나 실제 장애가 있는 사람의 체험담을 듣거나 장애가 있는 사람들이 다니는 시설을 견학하고 나면 '자신들이 생각하고 있던 이미지와 다르다.'라며 서서히 장애인을 이해를 하게 되는 경우가 있습니다.

평소 장애가 있는 사람이나 없는 사람도 같은 교실에서 배우거나 같은 직장에서 일하거나 지역에서 같이 생활을 하다 보면 좀 더 서로에 대해 잘 알 수 있을 것입니다.

필요 이상의 불안이나 두려움, 오해나 편견을 낳는 책임은 장애의 유무에 따라 갈라놓은 사회 쪽에 있는지도 모르겠습니다.

장애인차별해소법의 부대 결의에서는「국가 및 지방공공단체에서는 그룹홈이나 케어홈 등을 포함한 장애인 관련 시설의 허가 시 주변 주민의 동의를 얻는 것은 철저히 배제하고 동시에 주민의 이해를 얻기 위해 적극적인 계발활동을 시행할 것」이라고 하여, 행정이 시설 건설을 하는 법인이나 단체 등에 대해 주민 동의를 얻는 것을 조건으로 해서는 안 된다고 되어 있어, 행정의 자세가 시설의 마찰 해소를 위한 커다란 열쇠가 된다고 할 수 있습니다.

그리고 시설 마찰 해결 과정에서 자주 듣는 말은 '반대하고 있는 사람 수는 그렇게 많지 않으나 목소리가 크다, 반대를 하고 있는 사람만을 대상으로 할 것이 아니라 찬성하고 있는 사람을 늘리는 것이 중요하다'는 것입니다. 실제 시설이 생기면 그 때까지 제일 반대를 심하게 하던 사람이 가장 큰 협력자가 되었다는 이야기도 들립니다.

더욱이 이와 같은 시설은 결코 민폐를 끼치는 시설이 아니라 지역 주민이 모이는 장소나 재해 시에 방재의 거점이 될 가능성도 많아 장애가 있는 사람이 살기 쉬운 지역은 모든 주민에게 살기 쉬운 지역이라고 할 수 있습니다.

장애인차별해소법을 지렛대로 삼아 대립이 아니라 대화에 의해 서로를 잘 알게 됨으로써 시설 마찰이 해소되고 통합사회의 실현이 이루어지기를 바랍니다.

물음 11

부모 사망 후, 성년후견인이 지적 장애인을 먼 곳에 있는 시설로 입소시키려고 합니다. 본인이 살던, 익숙한 지역에서 원하는 대로 살 수는 없습니까?

우선 성년후견인 제도가 왜 필요한 지를 생각해 봅시다. 일본의 복지 서비스는 2000년 이후부터 순차적으로 이용자와 서비스 제공 사업자 사이의 계약에 의한 것이었습니다. 하지만 어떤 이용자는 계약 당사자로서의 능력이 결여되어 있어 계약이라는 법률 행위를 지원하는 방도로써 법률의 제정이 필요하게 되어 성년후견인제도가 만들어졌습니다.

이것은 계약하는 본인과 복지서비스 제공 사업자 모두의 이익을 지키기 위해 만들어진 제도입니다. 즉 복지서비스를 이용하는 당사자의 이익을 지원하는 어떤 체계가 없다면 이 제도는 복지서비스를 제공하는 사업자의 이익을 추구하는 일에 치우칠 수밖에 없습니다.

이 설문에서는 두 가지가 중요합니다. 하나는 당사자의 의사나 희망입니다. 다음은 성년후견인의 판단과 역할입니다. 여기서는 본인이 살고 있는 익숙한 지역에서 살고 싶다고 의사를 명확히 하고 있으므로 그것이 가장 중요한 판단 기준입니다.

성년후견인 제도가 생긴 2000년 이후의 가장 큰 변화는 2006년의 장애인권리협약과 2014년의 비분 및 그에 따르는 장애인기본법 개정과 장애인차별해소법 제정입니다.

권리협약 제19조에는 「(a) 장애인이 다른 사람과 평등을 기초로 하여 거주지 나 어디서 누구와 생활할 지를 선택할 기회를 가짐과 동시에 특정 생활시설에서 생활할 의무를 지지 않을 것」이라고 되어 있습니다. 이를 기초로 개정장애인기본법제3조에서는 「2. 모든 장애인은 가능한 한 어디서 누구와 생활할 지에 대해 선택의 기회가 확보되어야 하고, 지역사회에서 다른 사람들과 같이 살아가는 것을 방해 받지 않아야 한다.」고 되어 있습니다.

이 사례에서는 본인이 어디서 생활할 지 의사를 명확히 하고 있으므로 그것을 지원하는 일이 성년후견인이나 복지 관계자가 우선 먼저 해야 할 일입니다.

그렇다면 만일 본인이 그 의사를 명확히 하지 않는 경우에는 어떻게 하면 좋을까요? 그 경우에는 성년후견인이 자기 마음대로 시설 입소를 판단해도 좋을까요?

권리협약 제12조에는 「2. 체결국은 장애인이 생활의 여러 측면에서 다른 사람과의 평등을 기초로 법적 능력을 향유하는 것을 인정한다. 3. 체결국은 장애인이 그 법적 능력 행사에 필요한 지원을 이용할 권리를 제공하기 위한 적당한 조치를 취한다.」고 되어 있습니다. 모든 장애인의 법적 능력을 전제로 그 대리가 아니라 그 행사의 지원, 즉 본인의 의사 결정과 의사 표명에 대한 지원이 가장 중요합니다.

일본 개정민법 제858조에는 이렇게 되어 있습니다.「성년후견인은 성년 피후견인의 생활, 요양 간호 및 재산의 관리에 관한 사무를 처리할 때 성년 피후견인의 의사를 존중하고, 그 심신 상태 및 생활 상황을 배려하지 않으면 안 된다.」

민법에서도 본인의 의사 존중은 당연한 것으로 의사결정을 지원하고, 그 결정에 기초한 복지서비스를 지원하지 않으면 안 됩니다. 그런 의미에서 이 사례에 나타난 성년후견인의 판단에는 커다란 문제가 있습니다.

그럼 이와 같은 판단 착오를 일으키는 원인은 어디에 있을까요?

첫째, 지적 장애인인 본인의 의사를 중요하게 생각하지 않는 이제까지의 사회 통념입니다. '어차피 본인은 잘 모를 테니까, 지역에서 생활하다 무슨 일이 생기면 누가 책임을 진단 말인가?' 하는 사고방식 때문입니다.

둘째, 본인이 지역에서 살아가는데 필요한 복지서비스가 부족하다는 문제입니다. 권리협약 제19조의(a)항의 뒤에는 이렇게 쓰여 있습니다.

「(b) 지역사회에서 생활 및 지역사회의 포용을 지원하고 지역사회로부터의 고립과 격리를 방지하기 위해 필요한 재택서비스와 거주서비스뿐만 아니라 기타 지역사회의 지원서비스(개별지원을 포함)를 장애인이 이용할 기회를 주어야 한다.」

지원이 부족해서 시설 입소를 할 수밖에 없다고 성년후견인이 판단했다면 성년후견인은 본인의 권리 옹호자로서의 역할을 포기하거나 벗어났다고 할 수밖에 없습니다.

셋째, 일본에서는 지금까지 장애인 지원의 대부분을 가족이 부담해 왔고, 가족이 부담할 수 없으면 시설 입소밖에 선택할 수밖에 없다는 것이 문제입니다.

장애인권리협약 제19조가 본인의 지역에서의 생활 선택권을 인정하고 있고, 제12조가 그 선택에 있어 본인의 의사 존중과 의사 결정에 필요한 지원을 명확히 하고, 그것을 기초로 장애인기본법을 개정한 이상 본인의 선택에 도움을 주는 지역 생활 지원을 본인은 물론이고 그 가족과 함께 요구하고 싸워 나가는 것이 본인의 권리 옹호자인 성년후견인의 사명이자 역할인 것입니다.

그런 경우 본인이 지금까지 이용해 왔던 복지서비스 등의 관계자, 특히 본인의 서비스 등의 이용 계획을 본인과 함께 작성할 상담 지원 전문인, 개호보험의 서비스도 이용하고 있는 경우에는 케어 매니저와의 연계가 필수입니다. 더불어 본인의 친구나 지역 관계자와의 연계도 중요합니다.

물음 12 심한 장애가 있는 남성은 가족을 부양할 수 없고, 여성은 가사나 아이들을 돌보는 일도 할 수 없다면, 가족의 부담이 엄청난 것은 아닐까요?

장애인권리협약의 제23조 1-ⓐ항에는 장애가 있는 사람의 결혼이나 양자 결연을 포함한 가족을 만들 권리가 명시되어 있습니다. 중증의 장애가 있는 커플로, 각각 활동지원사(개조자)의 도움을 받아 결혼(동거) 생활을 하고 있는 사람들이 있습니다. 스스로는 할 수 없어도 도와주는 사람에게 지시하여 가사를 처리하는 것도 가능합니다. 또 남성은 일하고 여성은 가사나 육아를 담당(고정적 성별 역할 분업)하는 것이 아니라 어느 편이든 가능한 사람이 일하고, 아니면 쌍방이 교대로 함으로써 어느 한쪽에 일방적으로 분담한 일이 쏠리는 것을 피하는 것도 가능합니다.

그리고 같은 조 1-ⓒ항에는 생식 능력을 갖고 출산에 대해 결정할 권리에 대해 제25조에는 성과 생식을 포함한 건강 서비스의 제공에 대해서도 쓰여 있습니다.

그러나 일찍이 일본에서는 '우생 상의 입장에서 불량한 자녀의 출생을 방지한다'는 것을 목적으로 한 「우생보호법」(1948

~1996년)이 있었습니다. 여기에는 주로 지적, 정신적 장애가 있는 사람을 대상으로 불임수술을 본인의 동의 없이 할 수 있도록 되어 있었습니다. 또 후생성(당시)의 통달(업무 서한)에는 본인이 거부한 경우에는 구속하거나 마취약을 사용하고, 속이거나 강요해도 좋다고까지 되어 있었습니다. 게다가 이 법률이 목적과 방법의 범위를 일탈하면서 「월경 때는 돌보는 것이 힘들고, 정신이 불안정해진다.」는 이유로 자궁적출이나 방사선 조사 같은 생식 기능을 잃게 하는 수술도 이루어졌습니다. (법률에서는 정관이나 난관을 묶거나 절단하는 수술로만 한정하고 있었습니다.)

통계에서 밝혀진 대로 불임수술 대상자 약 만 육천 명 중에 70% 정도가 여성이었습니다. 이 수술은 지자체가 적극적으로 관여해 시설 직원이나 민생위원 등에 의해 지역 전체에서 시행되고 장려되었습니다. 그 후 이 법은 장애인이나 여성단체의 강한 반대 때문에 1996년 우생 사상에 기초한 조문이 폐지된 모체보호법으로 개정되기 전까지 약 50년 동안이나 시행되어 왔습니다.

이제까지 UN의 인권규약위원회로부터 두 번이나 조사를 받고, 피해자에 대한 사죄와 배상 권고를 받았지만, 정부는 '당시엔 합법이었다.'며 이를 받아들이지 않았습니다. 그러나 동일한 법률이 있었던 독일이나 스웨덴에선 이미 피해자에게의 사죄나 배상이 이루어졌고, 일본에서도 한센병 회복자에 대해서는 사죄와 배상을 하고 있습니다. 2016년 3월에 여성

차별철폐조약위원회로부터 보다 강한 권고가 일본정부에 있은 후 같은 해 4월에 정부가 피해자 여성으로부터 사정을 듣고 실태를 조사하겠다고 약속했지만 아직도 장애인에 관한 사죄는 이루어지지 않았습니다. (2016년 10월 현재)

이와 같은 강제 불임수술이 과거의 문제가 아닌 것은 피해자의 인생에 미친 영향이나 신체 건강뿐만 아니라 법률이 없어졌음에도 불구하고 피해자가 아이를 갖는 것을 반대하는 일이 지금도 많다는 사실입니다. 그 중에서도 여성에게 장애가 있는 경우에는 약의 복용 등으로 장애아가 태어날 가능성이 많다는 이유로 중절을 권유받는 경우가 있습니다. 그리고 유전성 장애가 있는 경우 '유전을 끊어야 한다'는 압박을 강하게 받고, 스스로 아이를 갖는 것을 경계하고 단념하는 사람도 있습니다.

또 복지제도도 장애가 있는 커플이 가정을 갖고 아이를 키운다는 것 자체를 예상하여 제도에 반영하고 있지 않습니다. 아이를 보육원에 데리고 가거나 요리, 세탁, 청소를 하고 싶어도 장애가 있는 사람이 가족을 위해 제도를 이용하는 것은 원칙적으로 금지되어 있습니다. (통달이나 지자체의 판단에 따라 일부 인정되는 것도 있습니다.)

여러 서비스를 받을 수 있는 환경이 되면 아무리 무거운 장애가 있어도 본인이나 가족에게만 부담을 지우지 않고 장애가 없는 부모나 아이들과 다를 것이 없이 생활할 수 있습니다. 그러기 위해서는 우선 사람들이 장애에 대한 바른 지식을 갖고 이해하는 것이 꼭 필요하고, 장애가 없는 사람이 이용할 수 있는 사회 서비스를 장애가 있는 사람도 당연히 이용할 수 있도록 해야 합니다.

장애가 있는 부모나 없는 부모도 한 명의 인간을 키우는 것은 힘듭니다. 그리고 육아뿐만 아니라 싱글이든 아이를 갖지 않은 동성 커플에게도 주위로부터 많은 지원을 받을 수 있도록 해야만 장애인은 물론이고 모두가 살기 좋은 사회가 됩니다.

지역에서 생활하며 아이를 키우는 중증 장애를 지닌 부부 코지마 마치, 코지마 이사오 씨 (제공: 아사히신문사)

물음 13

몸이 불편해 개호인(요양보호사)[4]의 도움을 받아 생활하고 있습니다. 65세가 되면 개호보험(장기요양보험)[5]으로 바뀐다고 하는데 걱정이 됩니다.

이제까지 장애인종합지원법(이하 종합지원법)의 헬퍼(활동지원사)를 이용해 생활하고 있던 사람이 65세가 되면 개호보험(장기요양보험)으로 바꾸어야 한다는 말을 자주 듣습니다. 특히 지자체의 장애복지 담당자로부터 이런 말을 듣는 일이 많습니다.

장기요양보험(개호보험)으로 이행하면 헬퍼(활동지원사)의 파견 시간이 종합지원법과 비교해 상당히 적어지므로 앞으로의 생활이 어려워진다는 불안도 있습니다.

이에 대한 예로, 이제까지 다니던 생활개호(돌봄)사업소의 중증방문개호(돌봄)의 지급 결정이 65세가 되면서 갑자기 끊겨 그 어려움을 호소해도 지자체는 '정부의 지시'라는 말만

4) 역자 보충 설명: 생활전반(식사, 배변, 목욕, 여가)에 대하여 가정을 방문하여 재택서비스를 하는 사람
5) 역자 보충 설명; 일본에서는 장기요양보호, 장기요양보험을 '개호보험'(우리나라 요양보험과 동일 용어)으로 통칭한다는 점에서 '개호보험'으로 용어를 원문 그대로 통일함. 개호보험법은 1997년 12월 17일 제정되어 2000년 4월 1일부터 시행됨

할 뿐 받아들이지 않은 일도 있습니다.

후생노동성이 2014년 실시한 조사에서도 6.7%의 지자체가 장애복지서비스의 이용 신청을 각하하고, 장기요양보험(개호보험)과의 병행 지급을 인정한 경우에도 정부가 정한 조건보다 엄격하게 규제하고 있는 지자체가 28.6%나 된다고 보고되고 있습니다.

이것은 종합지원법의 제7조에 「자립지원급부는 해당 장애의 상태에 따라 개호보험법의 규정에 의한 개호급부, 건강보험법의 규정에 의한 요양급부 중에서 자립지원급부에 상당하는 것을 받아서 이용할 수 있을 때에는 정부의 명령으로 정해진 '한도를 초과하여 시행하지 않는다.'」(일부 생략)라고 쓰여 있기 때문입니다.

그러나, 이 법률문을 자세히 보면 실제로는 'All or Nothing(양자택일)이 아님을 알 수 있습니다.

후생노동성은 자립지원급부와 개호보험제도의 적용에 대해 과장통지[6]에서 「일률적으로 해당 개호보험서비스를 우선적으로 이용해야 하는 것은 아니다. 지자체가 장애복지서비스의 이용에 관한 구체적인 내용(이용 의향)을 청취하여 파악한 후 지원 내용을 개호보험서비스로부터 받는 것이 가능한 지 여

---

6) 장애인의 일상생활 및 사회생활을 종합적으로 지원하기 위한 법률에 기초하여 자립지원급부와 개호보험제도와의 적용 등(2007년 3월 28일 障企發第0328002号/ 障企發第0328002号 각 자치단체 장애보건복지주관부(국)장 앞으로 후생노동성사회·원호국 장애보건복지부 기획과장 장애복지과장 통지)

부를 적절히 판단한다」, 「서비스 내용이나 기능에서 개호보험 서비스에 합당한 것이 없는 장애복지서비스 고유의 것이라고 인정되는 것(생략)에 대해서는 해당 장애복지서비스에 관한 개호급부비 등을 지급한다.」

구체적으로 '재택 장애인에게 장애 복지 서비스가 적당하다고 인정되는 지급량이 개호보험의 자택 개호 서비스비의 제약으로 개호보험 케어플랜의 개호보험 서비스만으로는 확보할 수 없는 것이라고 인정되는 경우 개호 서비스에 의한 지원이 가능한 장애인이 개호보험법에 의한 개호가 필요한지 판정을 받은 결과 해당이 안 된다고 판정된 경우 등 해당 개호 서비스를 이용할 수 없는 경우일 지라도 장애복지서비스 지원이 필요하다고 지자체가 인정한 경우(개호급부 비용에 관한 서비스에 대해 필요한 장애등급구분이 인정된 경우에 한한다)'(일부 생략)라고 하고 있습니다.

정리하자면 장애인에게 필요한 서비스가 개호보험에 없는 경우 또는 같은 서비스가 있는 경우에도 개호보험으로는 지원이 부족할 때 총급지원법의 복지서비스를 이용할 수 있다는 것입니다. 또 일부의 지자체에서는 65세 이후에 새로이 총급지원법의 신청을 인정하지 않는다는 내부 규정을 두고 있는 곳이 있는데, 이것은 총급지원법 위반이 됩니다.

마지막으로 장애인총급지원법과 개호보험의 같은 점과 다른 점을 명확히 해두고 싶습니다.

같은 점은 모두 '신청주의' 따라 본인에 의한 신청이 원칙입니다. 그러므로 납득이 가지 않을 경우에는 개호보험급부의 신청을 하지 않을 수도 있습니다. 지자체의 직원은 집요하게 개호보험신청을 권하는 경우가 많지만 어디까지나 신청하는 것은 본인이므로 납득할 수 없을 때는 신청할 필요가 없습니다.

다른 점은 같은 개호보장이라도 총급지원법은 모든 장애인의 사회 참여 기회와 어디서 누구와 생활할 것인 지에 대한 선택의 기회가 확보되어 있고, 지역사회에서 다른 사람들과 함께 생활하는 것을 막아서는 안 된다는 점이 법의 기본 이념에 들어있다는 것입니다. 개호보호는 '가진 능력에 따라 자립해 일상생활을 영위할 수 있도록 필요한 보건의료서비스 및 복지서비스에 관한 급부를 시행하기 위해서'라고만 명시되어 있습니다. 개호보험은 원래 사회생활을 영위하던 사람이 고령이 되어 개호(돌봄)가 필요해진 경우를 주 대상으로 하고 있어 재택 급부가 특별요양 노인 홈 입소 비용을 초과하지 않는 범위로 제도가 설계되어 있습니다.

물음 14

존엄사의 법률화에 반대하는 장애인은 왜 있나요?

한마디로 말하면, 많은 사람들은 중증장애인의 삶은 '무익, 무의미'한 것이고, 죽는 것이 낫다고 생각하는 것을 '존엄사'로 여기며, 그를 위해서 법률이 필요하다는 생각을 가지고 있기 때문입니다. 이것이 장애인을 모욕하는 법률안이라는 것을 건강한 사람은 알아보기 어렵습니다. 저도 존엄사는 누구에게나 좋은 것이라고 생각했던 때가 있었습니다.

제가 33세 때 부모님이 ALS(루게릭병)에 걸렸습니다. ALS의 진행이 빨라 증상이 나타난 지 일 년도 안 되어 기관절개를 하고 인공호흡기를 달았습니다. 수술 전에 의사로부터 호흡기를 달아도 장애는 점점 심해져서 요양생활을 견디기가 어려울 것이라는 말을 들었습니다.

호흡기를 달지 않고 죽는 것을 '존엄사' 했다고 하는 ALS 환자의 이야기를 지금도 자주 듣습니다. 딸을 병간호로 고생시키고 싶지 않아 호흡기를 거부하고 질식사한 어머니의 이야기도 있습니다. 어머니의 병간호를 시작한 당시엔 '존엄사'

는 훌륭한 행위라고 감탄하며 이를 어머니에게 이야기했었는데 어머니는 화를 내며 한동안 아무 말도 하지 않았습니다.

어머니는 죽을 지 살 지, 어느 쪽도 준비가 되어 있지 않았습니다. 구급차로 병원에 실려 가서 호흡기를 쓰게 되었습니다. 재택 치료를 하면서도 점점 병이 악화되었습니다. 저는 어머니가 불쌍해 견딜 수가 없어 호흡기를 떼어 주어야겠다고 생각하였습니다. 그것은 본인의 의사를 확인하지 않고 돌아가시게 한다는 계획이었습니다. 나는 어머니를 안락사 시킬 방법을 찾았습니다. 그러나 이는 일본에서는 살인죄입니다. 그래서 네덜란드처럼 안락사를 합법화시키고 싶다는 생각에 공부를 시작했습니다. 그리고 독일의 T4작전, 세계적인 안락사 운동의 확대, ALS로부터 호흡기 떼기 등을 둘러싸고 의사와 학자 사이에 논쟁이 벌어지고 있는 것을 알았습니다. 편하게 죽도록 해 주어야 한다는 자비의 근원에는 피해자 차별이나 우생 사상이 있습니다. 그것은 장애가 있는 사람의 필사적인 삶을 부정합니다. 이래서 저는 인간의 오만을 알게 되었습니다. 불쌍하다고 하면서 방치하고, 무시하고, 차별하는 것, 그런 대우와 눈빛이 그 사람의 존엄을 앗아가 버립니다. 죽음을 선택하게 하고 그것을 왜 '존엄사'라고 합니까.

치료를 거부하고 죽기 위해 리빙 윌(Living Will 사전 유언 제도)을 이용하면 좋다는 말을 듣습니다. '리빙 윌'이란, 연명치료를 거부겠다는 의사를 문장으로 써 두었다가 이를 치료 전에 의사에게 제시하는 것입니다. 하지만 이것을 법제화하자는 움직임이 있을 때마다 장애인이나 난치병 환자 단체는 이를 반대해 왔습니다.

일본에서도 2006년 무렵부터 의사의 독선에 의한 치료 정지(살인)가 연이어 사회 문제가 되어 그 대응에 대한 요구에 후생노동성은 2007년「임종기 치료 결정 프로세스에 관한 가이드라인」을 작성하였습니다. 그런데 그 가이드라인으로는 의사에 대한 면책이나 치료 정지도 할 수 없게 되고, 법률의 필요성을 증대됨에 따라, 존엄사 의원 연맹에 의해 당파를 초월하여「존엄사」법안이 작성되었습니다. (「임종기 의료 환자 의사 존중에 관한 법률」안의 전문은 http://mitomenai.org/bill에서 읽을 수 있습니다.)

이 법이 제정되면 환자의 의사 존중이 아닌, 의사의 면책 수속을 위해 치료 정지가 이루어지게 됩니다. 의사와 환자의 커뮤니케이션은 사라지고 오직 의사 2인의「임종기 판정」, 그리고「연명 치료 보류, 중단」이라는 독단적인 결정으로 환자는 급작스럽게 임종을 맞이하게 됩니다.

의료 윤리와 의사의 태도는 법률에 따라 변화합니다. 더 나아가 법안에는 공공기관에서 '리빙 윌'을 계발하고 보급한다는 내용도 있습니다.(제3조) '리빙 윌'을 작성하지 않는 사람은 공공 의식이 낮게 여겨질 수도 있습니다. 법제화 추진파는 '아니다, '리빙 윌'을 작성하느냐, 않느냐는 개인의 자유다' 라고 말을 하지만, 법률에서 임종기를 일률적으로 정의하는 이상, 임종기 판정 후에 암 치료, 투석, 고령자의 보험 적용이 제한되는 것은 예상할 수 있습니다. 이렇게 세계에 자랑할 만한 일본의 국민건강보험제도도 종말을 맞이하게 되는 것입니다.

같은 사회에 살고 있는 누구나에게(모두에게) 보다 나은 삶을 추구해 나갈 수 있도록 인정하는 것이 임종기 의료를 충실하게 합니다. 그러나 실제로는 보다 나은 삶을 위한 자기 결정권의 범주가 죽음에 대한 자기 결정권으로 이어지고 있습니다. 마지막까지 보다 잘 살아가겠다는 생각을 단념하지 않는(임종기) 의료란 무엇인가를 생각해야 할 것입니다.

물음 15

배리어프리(무장애) 법이란 어떤 것인가요?

교통기관을 이용해서 자유롭게 이동하고, 콘서트나 스포츠를 관람하고, 쇼핑이나 식사를 즐기고, 호텔에 숙박하는 것은 누구에게 있어서나 필요한 일일 것입니다. 지금은 도심부 역에 엘리베이터가 있는 것이 당연하지만 2000년까지는 이것이 거의 정비되어 있지 않았습니다. 1980년대부터 장애인 당사자들의 끈질긴 운동에 의해 2000년에 「교통배리어프리법」이 시행되어 배리어프리 정비가 개선되고 있습니다.

◎ 배리어프리법과 현 실태

1994년 대규모 건물의 배리어프리를 정비하도록 규정한 「하트빌 법」[7]이 제정되고, 2000년에 공공 교통기관의 배리어

7) 역자 보충 설명 : "하트빌 법"이란, 많은 분들이 이용하는 건축물에 있어서, 고령자, 장애인들이 원할히 이용할 수 있도록 정비한 건축물(하트빌)의 건축을 촉진하는 법률이다. 구체적으로 예를 들면 출입구, 통로 쪽, 계단, 화장실, 주차장 등에 대한 법. 〈한국장애인개발원의 BF(장애물 없는 생활환경 인증)와 같은 성격이다.

프리 정비를 정한 「교통배리어프리법」이 시행되었습니다. 2006년에는 이 두 가지 법률을 합쳐 일체적이고 통합적인 배리어프리 정책을 추진하기 위한 「배리어프리법」이 만들어졌습니다. 「배리어프리법」은 고령자, 장애인(지체, 지적, 정신, 발달 장애인을 포함하는 모든 장애인), 임산부, 부상자 등이 이동이나 시설을 이용할 수 있도록 공공교통기관, 건축물, 공공시설의 배리어프리화를 추진하는 법입니다.

우선 ① 정부가 배리어프리 정책의 기본 방침을 정합니다. 철도, 버스, 배, 비행기, 택시, 도로, 건축물, 공원, 주차장, 신호 등에 구체적 목표가 정해져 있습니다. 예를 들어 '하루 이용객이 3,000인 이상의 역은 2020년 말까지 배리어프리화를 100% 달성한다.'와 같은 내용입니다.

다음으로 ② 이 목표에 따라 사업주가 정비를 추진합니다. 새로 역이나 건물을 만들 경우에는 배리어프리화 기준(이동원활화 기준)에 따라 정비하는 것이 의무화되어 있습니다. 기존 건물은 반드시 지켜야 할 의무가 없지만 기준을 지키도록 노력할 의무는 부과되어 있습니다. 또 시각 장애인이나 청각 장애인에게 긴급 할 때를 포함하여 정보를 알기 쉽게 제공하는 것도 요구하고 있습니다. 나아가 직원에게는 연수를 통하여 매뉴얼을 정비하도록 노력해야 한다는 의무도 명시되어 있습니다.

그리고 ③ 지자체는 이용이 많은 지역 등을 중점 정비 구역으로 정하고 정비 기본 구상을 정합니다.

이 법률에 따라 2000년 이후에는 비약적으로 배리어프리 정비가 진전되었습니다. 국토교통성의 배리어프리 정비 상황 발표에 따르면 2002년도 말까지 하루 이용객 5,000인 이상의 역에서 턱진 곳의 높낮이 차를 해소한 역은 39.3%였지만, 2014년 말에는 91.5%로 되어 있습니다. 채 20년도 지나지 않아 극적으로 사회가 바뀌었습니다.

◎ 세계의 기준

「배리어프리법」을 100% 달성하면 장벽이 없는 이상적 사회가 될 것 같지만, 유감스럽게도 현실적으로는 그렇지 않습니다. 「배리어프리법」은 2000년에 제정된 법이므로 지금은 국제적인 배리어프리 기준에 크게 뒤져 있습니다. 예를 들어 미국의 ADA(장애를 지닌 미국인) 법률에는 극장이나 경기장에서는 휠체어용 좌석을 0.5% 이상 만들 것, 동반자석은 옆에 설치할 것, 앞에 있는 사람이 일어서도 시야가 가려지지 않도록 고저 차를 두어 시야를 확보할 것(사이트 라인) 등의 기준이 있습니다. 그러나 우리나라의 「배리어프리법」에는 이런 기준이 없었습니다. 그 때문에 모처럼 신축한 홀에서도 정비가 불충분해 비장애인과 장애인이 함께 즐길 수 없는 곳이 대부분입니다. 2006년에 장애인권리협약이 제정되어 국제적인 배리어프리 정비 기준으로 IPC(국제패럴림픽위원회) 접근성 가이드(IPC Accessibility Guide)[8]가 만들어졌습니다. 장애인과 비장애인을 구별하지 않는 통합적 시점에서 제정되었기 때문에, 이것은 「배리어프리법」에 누락되어 있는 것도 많이 포함하고 있는 대단히 훌륭한 가이드라인입니다.

◎ 앞으로의 과제

생활 스타일의 변화에 맞춰 기준을 다시 설정하는 것이 필요합니다. 예를 들어 「배리어프리법」에서는 엘리베이터 사이즈는 역의 규모에 관계없이 일률적으로 11인승 이상이라고 되어 있습니다. 현재는 유모차, 캐리어 등을 이용하는 사람이 늘어 커다란 역의 엘리베이터 앞은 항상 줄을 설 수밖에 없는 상황입니다. 역의 규모에 맞춰 엘리베이터의 대형화와 복수 루트의 설치가 필요합니다. 나아가 대상을 넓히는 것도 필요합니다. 백화점이나 극장, 호텔 등은 특별특정건축물이라고 해서 연면적 2,000㎡ 이상은 배리어프리화 기준이 의무화되어 있습니다. 그러나 우리가 일상적으로 이용하는 음식점이나 점포의 대부분은 이것보다 작습니다. 그 결과 좀처럼 정비가 진전되지 않았습니다.

세계 기준을 받아들여 시대와 함께 바뀌는 생활 스타일의 변화에도 대응하여 이제까지 정비에 진전이 없었던 분야에도 대상을 넓혀 법을 버전 업 시킬 필요가 있습니다.

---

8) IPC(국제패럴림픽위원회) 접근성 가이드(IPC Accessibility Guide): 일반적으로는 국제장애인올림픽위원회(IPC)가 정리한 장애인 정비 지침. 올림픽·패럴림픽 경기장뿐 아니라 사회 전체의 접근성 기준을 정리한 것이다.

물음 16

정보 접속과 커뮤니케이션에 어려움이 있는 장애인이 편리한 생활을 하려면 어떤 것이 필요한가요? (시각 장애인/청각 장애인/난청, 중도실청인/시청각 장애인)

◎ 시각 장애인

세상에는 많은 문자 정보가 넘쳐흐르고 있습니다. 시각 장애인은 이 분야에 접근이 제한되어 있어 극히 제한적 정보를 얻고 있습니다.

우리들의 기본적인 권리 중 하나로 들 수 있는 선거권만 해도 시각 장애인이 점자로 투표하는 것은 1992년 개정중의원의원선거법 이후에나 인정된 것입니다. 그러나 선거 통지나 홍보에 관해서는 그 대응이 자치단체에 따라 다르고 정보 보장도 잘 된다고 할 수 없습니다. 시각 장애인의 참정권을 보장하기 위해서는 이런 선거에 관한 정보 제공이 불가결합니다.

장애인과 비장애인이 같이 공부하는 통합교육은 장애인이 어려움 없이 사회참여를 하기 위해서는 필수불가결한 것입니다. 이전 시각 장애인은 맹학교에 진학하는 것이 당연하고, 일반학급에 입학해도 공적인 지원을 받지 못하고, 교과서나 기타 텍스트는 부모나 자원봉사자에게 부탁해야 했지만, 최근에는 교과서를 점자로 바꾸는 등의 지원을 받을 수 있게 되었습니다. 그러나 대학이나 전문학교에서는 이런 지원이 제공되지 않고, 장애인이 받을 수 있는 지원도 학교에 따라 크게 차이가 나고, 심지어 본인이 모두 혹은 일부를 부담해야 하는 경우도 있습니다.

일본에서 일 년에 출판되는 서적은 7만 수천 권에 달한다고 하지만 제작되는 점자 도서나 녹음 도서의 숫자는 그 중 몇 %에 지나지 않습니다. 예전에는 점자도 수작업이어서 한 권의 점자도서를 몇몇의 시각 장애인이 읽었지만, 근래에는 점자나 녹음 도서가 데이터화되어 한 권의 데이터로 많은 시각 장애인이 독서를 즐길 수 있게 되었습니다. 일본에서는 점자나 녹음을 많은 자원봉사자가 담당하고 있어 지속적으로 자원봉사자의 양성이 필요합니다. 또 시각 장애인의 독서 환경을 넓히기 위해서는 출판사에 의한 서적 텍스트 데이터 제공, 접근하기 쉬운 전자도서 이용, 국회도서관이나 대학도서관 등의 도서 데이터베이스에 대한 접근성 보장 등을 검토해 볼 필요가 있습니다.

신문이나 잡지를 읽고 새로운 정보를 얻는 것도 시각 장애인에게는 아직 충분히 보장되고 있다고 할 수 없습니다. 인터넷 등을 이용해서 일부 신문사의 정보를 얻는 것이 가능하게 되었지만 모든 신문이나 잡지 내용을 자유로이 열람할 수 있는 상황이라고는 할 수 없습니다.

시각 장애인에게 상당히 한정되어 있던 정보에 대한 접근은 화면을 읽어 주는 소프트웨어를 이용한 PC의 활용, 스마트폰 등의 보급에 의해 최근에 크게 변화하고 있습니다. 그러나 PC나 스마트폰이 시각 장애인에게 충분히 보급되고 있다고 할 수는 없습니다. 이것들의 보급을 촉진하기 위해서도 화면을 음성으로 읽어 주는 소프트웨어 태블릿 스마트폰의 구입을 지원하기 위한 보조금의 확대, PC나 스마트폰을 이용하기 위한 학습 추진 등이 필요합니다. 그리고 시각 장애인에 대한 배려가 없는 소프트, 앱, 웹사이트 등도 존재하므로 이들에 대한 접근성 보장을 의무화하는 제도도 필요합니다.

새로운 기술에 의해 시각 장애인의 생활은 많이 달라졌다고 할 수 있습니다. 그러나 일상생활 속에서 가장 중요한 것은 주위 사람들로부터의 지원입니다. 쇼핑, 레스토랑에서의 식사, 은행 거래, 병원 가기, 혼자 걸어서 하는 외출 등 주위 사람들의 도움이나 지원에 따라 시각 장애인의 여러 장벽도 허물 수 있습니다.

◎ 청각 장애인

듣지 못하는 사람은 겉모습만으로는 판단이 어렵기 때문에 장애가 가볍다고 여겨지기 쉽습니다. 그러나 귀에 장애가 있으면 주위의 정보가 들어오지 않으므로 무슨 일이 일어나고 있는지 상황을 파악하기 어렵습니다. 또 주위 사람들과의 커뮤니케이션(소통)이 안 되므로 상대가 말하려는 것이나 생각을 몰라 문제가 발생하는 일이 있습니다.

세 가지 문제의 예를 들어 이야기하고 싶습니다.

먼저 쇼핑을 하는 경우입니다. 계산대에서 점원이 '포인트 카드 갖고 계십니까?' 젓가락 필요하십니까?' 등을 묻는 경우가 많습니다. 그러나 그때 아무런 대답도 하지 않고 있으면 '무례한 사람이네.'라고 생각할 겁니다. 그러나 그것은 말하는 소리가 들리지 않기 때문에 대답을 하지 않은 것뿐입니다. 젓가락, 스푼 등의 현물이나 포인트 카드 그림이 그려진 종이 등을 보여주면 대답할 수 있습니다. 음성으로는 커뮤니케이션을 할 수 없어도 현물을 보여주거나 몸짓이나 발짓, 수화를 섞어서 전달하면 들리지 않는 사람도 안심하고 쇼핑을 할 수 있습니다.

다음으로 많은 것은 직장에서 경우입니다. 여기서도 음성으로 주고받는 것이 기본입니다. 가장 바람직한 것은 회의나 업무 지시 등을 할 때 수화통역 등 커뮤니케이션 지원자를 곁에 두는 것입니다, 그러나 그렇게 못하는 상황이 있을 수 있습니다. 이럴 때에는 미리 메모를 작성해 들리지 않는 사람에게 건네거나 업무 지시 때 자주 사용하는 말을 카드로 만들어 보여주거나 하는 등의 대책이 필요합니다.

또 직장에서 팀으로 일을 진행하는 경우가 있는데 청각 장애인에게는 소리가 들리지 않아 주위 상황을 잘 파악하지 못해 인간관계가 틀어지는 경우가 많이 있습니다. 직장 동료가 주위 상황을 듣지 못하는 사람에게 전해 주고, 지금 무엇이 중요한 지를 알려줄 수 있는 원활한 인간관계를 구축하는 것도 중요합니다. 작은 오해가 커다란 문제로 확대되지 않도록 하기 위한 대책이 필요합니다.

끝으로 공공 교통기관이나 백화점 등에서 자주 있는 예입니다. 통로에 서 있는 청각 장애인의 뒤에서 어떤 사람이 '실례합니다!'라고 말을 해도 청각 장애인이 길을 비켜주지 않는 경우가 있습니다. 대답이 없으니 등을 세게 미는 사람도 있는데 이는 매우 위험한 일입니다. '혹시 소리를 듣지 못하는 것은 아닌지?' 생각하고, 이를 알게 되었을 때는 어깨를 가볍게 두들기거나 눈을 마주친다든지 하면 듣지 못하는 사람도 알아차리게 됩니다.

듣지 못하는 사람에 대한 구체적인 배려에 대해서는 전(全)일본농아인연맹이 발행한 서적「알기 쉬운 청각 장애인에게 합리적 편의란?(よくわかる！聴覚障害者への合理的配慮とは？)」에서 자세하게 설명하고 있으니 참고하시기 바랍니다. 타인을 생각하는 배려가 이제부터 사회를 크게 바꾸어 간다고 확신하고 있습니다.

◎ 난청, 중도실청자(Post-lingual deafness)[9]

목소리를 크게 해도 잘 알아듣지 못하는 것을 알아듣는 것으로 착각해서는 안 됩니다. 잘 듣지 못하는 사람에 대한 지

9) 역자 보충 설명: 음성 언어 사용 후 청력이 떨어지거나, 청력을 잃은 사람. 발성은 불편하지 않으나 듣기가 불편하므로 음성 커뮤니케이션 자체가 매우 불편하다.

원에 대해 생각해 봅시다.

전혀 듣지 못하거나 잘 듣지 못하는 장애는 밖에서는 잘 보이지 않으므로 주위에 듣지 못하는 사람이 있는 지를 판단하기는 어렵습니다. 말을 해서 뭔가 잘 안 통한다고 느껴지면 그 사람은 듣지 못하는 것이 아닐까 한번 생각해 보세요. 보통 크기의 목소리로 상대 얼굴을 보고 조금 천천히 문장을 끊어서 말을 걸어 보세요. 그런 방식으로 말을 하면 듣지 못하는 사람이 방긋 반응을 할지도 모릅니다. 완벽하지는 않지만 조금 알아들을 수 있는 것만으로도 서로는 상당히 친해질 수 있습니다. 그리고 시끄러운 곳에서 조용한 장소로 옮기면 듣는 것이 놀랄 정도로 개선이 됩니다. 잡음은 듣는데 커다란 방해가 됩니다.

듣는데 어려움을 느끼는 사람은 잘 듣기 위해 보청기를 사용합니다. 보청기를 사용해도 개선이 어려워서 인공와우(달팽이관) 수술을 하는 사람도 늘고 있습니다. 보청기를 사용하거나 인공와우 수술을 해도 온전하게 들리는 것은 아닙니다. 보청기를 사용하거나 인공와우를 한 사람을 보면 보통 크기의 목소리로 상대방의 얼굴을 보고 천천히 문장을 끊어서 말을 걸어 주세요.

전혀 듣지 못하는 사람이나 잘 듣지 못하는 사람은 주위의 사람과 커뮤니케이션을 하기 위해 많은 노력을 합니다. 그러나 온전하게 들을 수 없기 때문에 생활하는 데 많은 어려움을 느낍니다. 듣지 못하는 사람에게 그런 어려움을 줄여 주고, 살기 쉬운 사회를 만들어 주기 위해서는 이들에게 적극적으로 다가가려는 주위 사람과 사회의 노력이 필요합니다. 그것이 '정보 보장'입니다.

듣지 못하는 사람에게 가장 친근한 정보 보장은 '필담'입니다. '필담'은 거의 모든 사람이 의지만 있으면 할 수 있습니다. 쓰는 것이 힘들면 스마트폰의 문자 입력이나 음성 인식을 사용하는 방법도 있습니다. '필담을 문화로!' 필담이 자연스럽게 생활화되는 사회가 되기를 바랍니다.

이제는 일상생활 속에서 문자 표시가 늘어나고 있습니다. TV 자막에 이어 전철이나 버스의 모니터에 문자가 표시되는 일도 많아졌습니다. 계산대에서 금액이 표시되는 것도 많은 도움이 됩니다. 사회에는 음성에 의한 정보가 넘쳐흐르고 있습니다. '모든 음성 정보에 문자 표시를!', 우리들은 그런 사회를 원하고 있습니다.

듣지 못하는 사람은 수화 통역이나 문자 통역을 이용합니다. 이 이용에 대해서는 듣지 못하는 사람과 지원하는 사람 사이에 기나긴 분투(있는 힘을 다하여 싸우거나 노력함)가 있었습니다. 그리고 장애인차별해소법 시행에 따라 지금까지의 행정에 의한 복지서비스를 넘어 회사나 병원 등에서 수화 통역자, 문자 통역자를 고용하는 일도 늘고 있습니다. 정보 보장의 공적 지원으로 '언제, 어디서든지 이용할 수 있는' 수화 통역, 문자 통역제도의 정비를 우리는 요구합니다.

◎ 시청각 장애인

눈과 귀의 양쪽에 장애를 함께 지닌 사람을 '시청각 장애인'이라고 부릅니다. 지체 장애인 수첩에 시각 장애와 청각 장애 양쪽이 명기되어 있으면 '시청각 장애인'으로 간주됩니다. 2012년 일본시청각장애인협회의 조사에 의하면 일본 전국에 적어도 약 만사천 명의 시청각 장애인이 있다고 합니다.

시청각 장애인이 사람과 대화를 할 때는 주로 촉각을 이용합니다. 이 방법으로는 손바닥에 손가락으로 글을 쓰는 '손바닥 문자', 수화를 만져서 읽는' 촉독 수화', 점자 타이프라이터의 원리를 응용한 '손가락 점자' 등이 있습니다. 또 선천적인 시청각 장애인은 그 사람이 알기 쉬운 독자적인 사인 등도 사용합니다. 한편 약간의 시력이 있는 시청각 장애인은 수화가 잘 보이도록 배려한 '약시 수화'나 종이나 PC 등을 사용해 커다란 문자로 전하는 '필기'를 사용합니다. 조금씩 들리는 시청각 장애인은 알아듣기 쉬운 방법으로 전달하는 '음성'을 사용합니다.

시청각 장애인은 외계와 차단 상태에 놓이기 쉽습니다. 곁에 누군가 사람이 있는 지 없는 지조차 알지 못하고, 혹시 알더라도 누구누구에게 무엇을 얘기하고 있는지 모릅니다. 애초에 주위의 상황이 어떤지 전혀 알지 못하는 것입니다. 또 TV, 라디오, 신문 등 사회의 정보를 얻을 수도 없습니다. 게다가 자신이 가고 싶은 곳에 자력으로 이동하는 것도 할 수 없습니다.

이처럼 시청각 장애인은 '커뮤니케이션, 정보, 이동'의 세 가지 어려움에 복잡하게 얽혀 있습니다. 그러므로 이를 방치하면 시청각 장애인은 집에 틀어박혀 있을 수밖에 없습니다.

이런 어려움을 안고 있는 시청각 장애인을 지원하는 사람을 '통역개조원(수화통역사·점역사)'이라고 부릅니다. '통역개조원'은 청각 장애인에게 맞는 각각의 커뮤니케이션 방법을 사용하여 정보 보장(통역)을 하고, 이동 시 이를 돕습니다. 이것은 청각 장애인에게 생명선이라고도 할 수 있는 지원입니다. 1991년에 발족한 전국시청각 장애인협회가 중심이 되어 추진해 온 것도 이 '통역, 개조 지원'과 관련된 사업입니다.

현재 각 도도부현(都道府県 지정도시, 중핵시를 포함)에서는 '시청각 장애인 대상 통역 개조원 파견 사업'을 실시하고 있습니다. 그래서 각지에서 개최하는 양성 강습회를 수강해 통역개조원이 되는 것도 가능합니다.

그리고 각지에서는 시청각 장애인과 그 지원자들이 만들고 있는 '시청각장애우 모임'이 있습니다. 이 모임에서는 지역의 시청각 장애인과 지원자가 모여 교류회나 커뮤니케이션 학습회 등의 활동을 하고 있습니다.

앞으로는 시청각 장애인의 생활 기능이나 커뮤니케이션 기술, IT의 활용을 지원하는 재활 사업을 통해 시청각 장애인의 자립과 사회 참여를 더욱더 발전시켜야 합니다. 꼭 여러분의 힘을 빌려 주세요.

물음 17 난치병이란? 난치병이 있는 사람도 장애인인가요? 도대체 장애인이란 어떤 사람을 말하는 건가요? 그리고 '제도의 틈새'란?

난치병이란 일반 사회에서는 고치기 어려운 병, 불치병 등을 가리키는 말로 이해되고 있습니다. TV 다큐멘터리나 드라마에서는 난치병에 걸려 힘껏 병과 싸우고 불행히도 마지막에는 죽게 되는 비극적인 이야기로 다루어지는 경우가 많아 젊어서 죽는 병이라는 이미지를 갖고 있는 사람도 많을지도 모르겠습니다.

그러나 현실에는 난치병을 걸렸음에도 불구하고 병이나 장애를 갖지 않은 사람들과 같이 학교에 다니거나 취직해서 일하는 사람도 많이 있습니다. 난치병이라고 해도 여러 병이 있으므로 한 가지로 잘라 말하기 어렵지만 보기에는 티가 나지 않는데 약을 복용하고 증상을 억제해 가며 풀타임으로 일하고 있는 사람도 적지 않고, 잘 알지 못해도 실제로는 곁에 있는 여러분의 친구가 난치병 환자인 것이 드물지 않을 수도 있습니다. 난치병은 병에 따라 여러 증상이 있습니다. 또 같은 병이라도 나타나는 증상에는 개인차가 있고 병의 중함도

가지가지입니다. 그 때문에 난치병은 어떤 병인가 라는 것을 한마디로 설명하는 것이 어려워 우선은 다종다양하다는 것을 이해하는 것이 중요합니다.

그런 가운데 많은 난치병 환자가 공통적으로 말하는 것은 '체력이 없다', '피곤을 잘 느낀다'는 증상입니다. 이들 증상은 수치로 나타내는 것이 어렵습니다. 그런데 '게으름만 피우고 있잖아, 열심히 하면 할 수 있잖아.' 등과 같은 주위의 무심한 말로 인해 자주 상처를 입는 사람도 많이 있습니다.

그러나 일반인의 체력을 건전지 D 한 개 분량이라고 볼 때 난치병인 사람은 용량이 작은 AAA 건전지 정도의 체력으로 매일 생활하고 있습니다. 그 때문에 주위 사람들과 똑같이 생활하다 보면 이들의 체력은 금방 소진되어 버립니다. 그래서 적당히 쉬며 충전을 하지 않으면 안 됩니다. 용량이 적은 만큼 보통은 충전 시간도 짧아야 하지만 충전기의 성능이 좋지 않으므로 회복하는 것도 보통보다 긴 시간이 필요합니다. 충분히 체력을 회복하지 않은 채 계속 무리하면 병이 악화되어 다니고 있던 회사를 그만두어야 하는 일도 있습니다. 일과 중에 자유롭게 사용할 수 있는 시간이 모자란다는 어려움을 겉으로 보아서는 알 수 없어 본인이 설명해도 회사에서는 이해해 주지 않아 병을 숨긴 채 일하고 있는 사람도 많은 것이 현실입니다. 이런 난치병 환자는 국가 제도에서 어떤 위치에 있을까요?

제도상 난치병은 '난치병법'이라는 법률로 규정된, 근본적인 치료법이 없는 환자가 드문 희귀한 병 전반을 가리킵니다. 암처럼 체계적인 대책이 있는 병이나 환자 수가 많은 만성 질환은 법률상으로 난치병이 아닌 것으로 되어 있습니다.

또 난치병을 지닌 사람의 대부분은 최근까지 장애인으로 인정받지 못했습니다. 그것은 일본의 장애인 제도가 증상이 고정되어 있는 것을 원칙으로 하고, 장애 종류나 심한 상태에 따라 장애인인지 아닌지를 판단해 왔기 때문입니다. 이런 기준에 들어맞지 않는 난치병 환자는 아무리 생활이 어려워도 장애인으로서 인정받지 못하고 필요한 지원을 받지 못하는 '제도의 틈새'에 놓여 있습니다.

그러나 UN의 장애인권리협약 비준을 위해 일본에서 추진된 장애인 제도 개혁으로 장애인의 개념이 크게 바뀌었습니다. 그것은 '장애라는 것이 개인의 심신 기능에 장애가 있는 것뿐 아니라 그런 장애가 있음으로 인해 사회와의 사이에 생기는 사회적 장벽에 의해 발생하는 생활의 어려움에 있다.'라고 하는 사고방식입니다. 이것을 '사회모델'이라고 합니다.

이 '사회모델'의 사고방식을 받아들인 장애인기본법에서는 장애인을 '신체 장애, 지적 장애, 정신 장애(발달장애를 포함), 그 외 기타 심신 기능의 장애(이하 장애라고 총칭한다)가 있는 사람으로, 장애 및 사회적 장벽에 의해 일상생활 혹은 사회생활에 지속적으로 상당한 제한받는 상태에 있는 사람'이라고 정의하고 있습니다. 난치병이라는 단어를 쓰고 있지는 않지만, '기타'에 여러 장애가 포괄적으로 포함되는 것으로 간주하여 난치병이나 만성 질환도 이 속에 포함되게 되었습니다.

병이나 장애의 종류나 중함에 관계없이 생활하기에 어려움이 있는 모든 사람을 장애인으로 볼 수 있게 된 것은 난치병 등 이제까지 장애인으로 인정받지 못했던 사람들에게는 커다란 진전입니다. 앞으로는 이런 생각이 여러 장애인에 관련된 법률에 침투하여 장애인이 장애나 병의 차이에 상관없이 필요로 하는 지원을 받으며 사회에 참여할 수 있도록 정책이 진전되기를 바랍니다.

물음 18 지적 장애가 있는 사람이 시설이 아니라 지역사회에서 살아가는데 어떠한 지원이 있습니까?

지적 장애인이 지역에서 생활하기 위해 여러 제도를 활용하는 것이 가능합니다.

- 일상생활을 위해 **'홈헬퍼'(신체 개호나 가사 원조, 통원 등을 도움)**나 외출 시 **'가이드 헬퍼'(지자체 별로 설정된 '이동 지원' 서비스)**나 중증인 사람들을 위한 '행동 원호'가 있습니다.
- 일반 취업(직장에서의 합리적 편의 확보)이나 활동의 장('생활 개호, 취로 계속 지원 A형, B형, 취로 이행 지원, 자립 훈련' 등)
- 생활 장소로써 소규모 가정적인 그룹홈(중증인 사람은 재택 지원도 같이 받을 수 있습니다. 2018년 3월까지의 유예 조치로 이를 영구화할 필요가 있습니다.)
- 일인 가구 지원(중증방문개호의 활용이나 2018년도부터 시작되는 '자립 생활 원조' 등)
- 학대를 방지하기 위한 노력(학대 방지 상담 창구나 '지

속 계획 상담 지원' ~모니터링 등) 등이 있습니다.

중증의 지적 장애인도 일인 가구나 그룹홈에서 지역 생활을 선택할 수 있습니다.

2014년부터는 '중증방문개호'라는 서비스의 대상 확대가 이루어져 '장애 지원 구분 4 이상'이며 장애 지원 구분의 인정 조사 항목 중 행동 관련 항목 등(12항목)의 합계 점수가 10점 이상인 지적 장애인, 정신 장애인도 이 서비스를 받을 수 있게 되었습니다.

중증방문개호는 '신체 개호, 가사 원조, 외출 등과 지켜보기'가 포함되는 장시간 서비스입니다. 장시간 '지켜보기'도 포함되어 있어 지적 장애인에게도 이용하기 쉬운 서비스입니다.

그리고 지적 장애인의 생활 지원에 '의사결정 지원'은 중요한 과제입니다. 지금 사회에서 여러 방면에서 의사 결정이 필요한데 지적 장애인이 의사 결정을 할 때는 많은 '어려움'이 따릅니다. 이 어려움은 사회적으로 만들어진 것입니다. 어려서부터 의사결정을 하는 것을 주위에서 제한하고, 경험도 한정되고, 자신도 잃게 되어 지적 장애인에게 '이해하기 힘든 말'이나 '너무 빠른 스피드' 혹은 '너무 많은 어드바이스' 등이 장벽이 되어 이들은 자신의 생활을 스스로 정하는 것에 어려움을 느끼게 됩니다. '자신이 어디서 누구와 어떻게 살 것인가'를 정하기 위해서는 선택을 위한 정보나 경험이 필요합니다. 그리고 관련된 지원자를 포함하여 사회 전체가 그 사람의

'존엄'을 지키고, 각자의 '의사'(혹은 '선호')를 존중해야 합니다. 그리고 지적 장애인 본인의 의사 결정 지원에 대한 대처가 필요합니다.

'피플 퍼스트'라고 하는 지적 장애인 당사자 단체에서는 '자신의 일은 자신이 정한다. 부모나 직원이 정해서는 안 된다.'라고 하는 '자기 결정'을 주장하고 있습니다.

현재 일본의 지적 장애인은 부모가 오랜 세월 동안 이들의 생활을 뒷바라지해 왔지만 부모가 고령이 되면 이들을 뒷바라지하는 일이 어려워져 사회 문제가 되고 있습니다. 이른바 '부모 사후'의 문제입니다.

이 문제의 배경에는 지역의 사회 자원이 부족한 이유도 있습니다. 자립에 대한 대비는 '너무 빠른 것도 아니고 너무 늦은 것도 아니다.'라고 합니다. 그래서 부모가 건강할 때부터 지역에서 생활하는 경험과 관계를 구축해 가는 것이 중요합니다. 이들이 나이가 들고 나서도 지역에서 생활하는 것은 이들의 권리이고, 또한 충분히 가능한 일이기도 합니다.

또 입소 시설에 있는 사람이 지역으로 옮겨가는 것도 커다란 과제입니다. 지역 생활로의 이행에 대한 대처가 없이 오랜 기간 '방치'하는 것은 인권 침해(지역에서 생활할 권리에의 침해)라 할 수 있습니다. 그들이 페이스에 맞춰 경험을 쌓을 수 있도록 하여 지역 생활로 이행해 갈 수 있게 해 주는 것이 필요합니다.

모두가 지역에서 생활할 수 있는 통합사회를 만들어 갑시다!

물음 19 일본에서는 정신과 병원에 몇 십 년이나 입원해 있는 사람이 있다고 들었습니다. 왜 그런지요?

2012년 정부 조사에 의하면 일본의 정신과 병원에는 1년 이상의 환자가 64%, 5년 이상의 환자가 36%나 입원해 있습니다. 20년 이상 입원해 있는 사람도 8%나 됩니다. 10대에 정신과 병원에 입원해 그대로 30년 이상 입원해 있는 사람도 있습니다. 퇴원할 수 없는 것은 지역에서 살 장소가 없거나, 생활을 지원받을 서비스가 충분히 정비되어 있지 않는 등의 사회적 문제 때문입니다. 이와 같은 이유로 입원해 있는 것을 '사회적 입원'이라 부릅니다. 한편 정신과 이외의 병원에서는 길어도 3개월 안에 퇴원하는 경우가 일반적입니다. 일본의 정신과 병상 수는 다른 외국과 비교해 인구 대비 3배 이상이고, 입원 일수도 너무 깁니다. 일본은 세계적으로 특히나 병원에 정신 장애인을 오랜 기간 동안 계속 수용하고 있는 나라입니다.

정신질환은 극히 일부 사람에게 발병되는 특별한 병이 아닙니다. 예를 들어 성실하고 열심히 일하는 사람이 수험 공부나 일, 연애 등을 무리하게 거듭하고 여유가 없는 생활을 계속하면 조바심이 강해집니다. 그런 가운데 잠들 수 없는 날이 계속되면 심한 우울증이나 자살 충동에 시달리다 이윽고 환청이나 환각 망상에 시달리는 '증상'이 나타나는 경우가 있습니다. 그럴 때 본인은 자신의 괴로움을 잘 설명할 수도 없고, 가족도 그것이 정신 증상의 괴로움이라는 것을 금방 이해하지 못하고, 의욕이나 참을성이 부족한 것뿐이라고 생각하여 잘못된 충고나 질책을 하게 되어 본인과 가족과의 사이에 커다란 트러블로 발전하는 경우도 있습니다.

이런 증상은 급성기에 집중적으로 관리하면 입원을 필요로 하지 않는 경우도 적지 않습니다. 예를 들어 급성기에 방문을 통해 본인의 고통에 따라 우선 수면을 확보하고 불안을 없애기 위해 약물 투여를 포함한 방문의료(ACT) 지원, 본인이나 가까운 가족과 대화를 계속해서 본인의 괴로움을 같이 극복하는 방법을 생각하는 오픈 다이얼로그, 24시간 체제로 대응하는 진료소를 중심으로 그룹홈이나 취업협동조합 등을 통해 지역에서 뒷받침을 해 주는 트리에스테 방식 등 입원에 의존하지 않는 치료와 지원이 유럽과 미국 등에서는 정신질환 치료의 주류가 되고 있습니다. 하지만 34만이나 되는 많은 정신과 병상이 있는 일본에서는 본인의 어려움을 지역에서 해결하려고 하지 않고 바로 입원시켜 버리는 문화가 아직 남아 있습니다.

이렇게 정신과 병원에 입원하는 방법은 크게 세 가지의 형태가 있습니다. 환자의 자발적인 의사에 따른 임의 입원, 환자가 입원에 동의하지 않아도 강제적으로 환자를 입원시킬 수 있는 조치 입원과 의료 보호 입원이 있습니다. 조치 입원은 자신에게 상처 입히거나 타인에게 해를 입힐 우려가 있을 경우에 행정 명령에 따라 입원을 결정하게 되는 것을 말하며, 의료 보호 입원은 정신 보건 지정의가 입원의 필요성을 인정하고 보호자 등의 동의가 있으면 강제적으로 입원시킬 수가 있는 제도를 의미합니다. 그 때문에 의료 보호 입원의 경우 가족이 퇴원에 반대하는 한 퇴원시킬 수 없는 경우도 적지 않습니다. 그 배경에는 지역에서 지원하는 체제가 불충분해서 가족에게 입, 퇴원 등과 같은 지역 생활의 책임을 떠맡기는 현실이 있습니다.

또 최근에는 정신과 병원에 입원하는 치매 환자가 늘고 있습니다. 이들에게 익숙하지 않은 병원이라는 공간은 더더욱 혼란과 불안을 증대시킬 뿐입니다. 또 돌아다니거나 폭력 행위 등을 하였어도 입원시키지 않고 방문 진료를 하여 조기 개입과 적절한 지원을 제공함으로써 이를 감소 및 해소시킬 수 있는 방안도 사라졌습니다. 그러나 치매 환자를 지역에서 돌보기 위한 방안을 충분히 마련하지 않고, 안이하게 정신과 병원에 이들을 입원시키려는 정부나 병원의 움직임이 있습니다.

더욱이 외국과 달리, 일본의 정신과 병원 10개 중 9개가 민간 병원입니다. 병상을 채우는 것이 병원 경영에 꼭 필요합니다. 외국에서는 공립 병원이 중심이어서 50년 전부터 정신과 병상을 감축하고 그만큼의 인재(인력과 자원)를 지역지원을 충실히 하는데 써 왔습니다. 그러나 일본에서는 그와 반대로 민간 병원 경영자의 이익 유지 및 확보를 위해 정신과 병상을 늘려 왔고, 병상 삭감에는 업계 단체가 항상 반대하며 정치가나 후생노동성에 압력을 가하고 있습니다.

장애인권리협약 제19조에 장애를 이유로 「특정의 생활 방식으로 생활하는 것을 강제할 수 없다.」는 권리가 있습니다. 정신질환이나 치매를 이유로 '정신과 병원에 있을 수밖에 없다'는 것은 '특정 생활 방식을 강제' 하는 것, 그 자체입니다. 이것은 명확한 차별입니다.

일본은 권리협약을 비준하기는 했지만, 이와 같이 정신과 병원에 격리 수용하는 정책을 아직도 인정하고 있습니다. 이 부분의 개선이 필요합니다.

물음 20

아이가 발달장애(자폐증)로 진단받았습니다. 이제부터의 생활에서 어떠한 점에 관심을 가져야 할까요?

지역에서의 자립에 대해 공무원으로 24년 동안 자폐성 장애(발달 장애[10]의 하나)을 앓고 있는 장남(43세, 집필 시)의 육아를 통해 제가 배운 것을 이야기하겠습니다.

1972년 건강하고 귀여운 아기가 기대를 한 몸에 받고 태어났지만 말도 못하며 기이한 행동만 하다가 2살 10개월쯤 되어서 '지적 장애를 지닌 자폐증'이란 진단을 받았습니다. 아이가 매우 활동적이어서 매일 집에서 뛰쳐나가 가게에서 물건을 집어오고, 물이나 화장실에서 장난을 치곤해서 '죄송합니다.'라고 다른 사람들에게 고개를 숙이는 매일 반복되었습니다. 게다가 당시 자폐증은 '부모의 양육이 원인'이라고 여겨져, 특히 어머니의 인격은 완전 무시되어 '불행한 애를 가진 불행한 부모'라고 절망하며 몇 번인가 같이 죽으려고도 생각했습니다.

---

10) 발달장애 : 일반적으로 뇌의 움직임과 관련된 장애로 WHO의 국제 질병 분류 제10판에서 아스퍼거 증후군 기타 전반적 발달장애 등을 가리키는 폭 넓은 개념.

그러나 지체장애인인 어떤 분으로부터 「장애인권리선언(1975년 UN)」에 언급된 '동정보다는 이해와 지원을 구해야 한다, 동정을 구걸하는 듯한 행동을 하는 부모야말로 인권 침해자이며 자식을 죽이는 부모는 최대의 적이다.'라는 설명을 듣고 그야말로 눈이 번쩍뜨였습니다. 저는 '적이 되지 말자. 최고의 이해자와 지원자가 되자.'라고 결심하며 '고치자'는 치료에 매달리는 것은 그만두고, '지역에서 자립'할 수 있게 하는 것을 육아의 목표로 삼았습니다. 불행이라고 생각했던 것은 ① 지역에서 살아갈 곳이 없다, ② 동정, 연민, 차별, 편견의 대상, 이 두 가지였습니다.

① 지역에서 살아갈 곳을 개척할 것, ② 동정이나 편견의 해소는 '이해를 시킬 것'이라고 생각해 아들과 함께 지역으로 뛰어들었습니다. '지역과 본인 주체'라는 입장에서 이해자와 지원자를 찾았습니다. 응용이 되지 않는 특성 때문에 처음부터 지역에서 매일 실천하는 수밖에 없습니다.

이해가 되지 않는 행동도 의미가 있다고 생각하며 그 특성을 찾았습니다. 그 결과 '① 집착을 이용하자, ② 패닉도 의사 표시고 생각을 키울 찬스, ③ 과잉 행동이나 주변에 장난을 치는 것도 이웃에 설명을 할 기회'라고 생각하며 이런 문제 행동들이라고 여겨지는 것들에 대해서 역발상을 했습니다. 생활 환경(특히 인적 환경)을 갖추어 주어 아들은 자폐증인 채로 '자신답게' 살 수 있었습니다. 항상 나와 지역은 연결 라인이 되어 그와 어떻게 접촉해야 하는지(합리적 편의)를 전해 왔습니다. 덕분에 인사나 물건 사기 등 '자립 스킬'을 획득할 수 있어서 이를 지원해 준 지역의 여러분들에게 감사하고 있습니다.

자폐증의 특성으로 ① 대인 관계의 어려움(시선을 맞추지 않는 것), ② 커뮤니케이션의 어려움(일방적으로 이야기하는 것 등), ③ 행동, 동작의 특징(반복적인 동작 등), ④ 활동이나 흥미 범위가 한정된 것(집착 등), ⑤ 변화에 대한 불안이나 저항(하던 방식에 집착), ⑥ 상상력이 약한 것(주위 분위기 파악이 안 되는 것 등), ⑦ 감각의 과민함과 둔함(청각 과민 등), ⑧ 언밸런스한 능력(기억력이나 음악, 회화에 있어 뛰어난 능력 등)을 듭니다.

또 자립하는 것은 본인이므로 역량강화(Empowerment) 지원이 필요합니다. 아무것도 할 수 없는 것이 아니라 '모르니까' 할 수 없다는 것을 알게 되면서 본인이 알 수 있는 방법을 생각했습니다. 예를 들어 '깨끗하게'(추상적)가 아니라 결과적으로 깨끗하게 되는 방법을 '구체적으로' 가르칩니다. 어려운 말보다는 '시각적인' 순서를 제시합니다. '안 돼, 달리지마'(부정적)가 아니라 '걷자'라며 해야 하는 행동을 '긍정적'으로 전합니다. 이 '구체적, 시각적, 긍정적'인 방법이 지금 말하는 '합리적 편의'가 됩니다. 또 '이해할 수 있는' 순서도를 만들어 '잘했네, 대단하다, 고마워.'라고 칭찬을 하니 '자기 긍정과 자아 존중감'도 갖게 되고, 실패해도 지지를 받는다는 믿음 속에 '도전 정신'도 기를 수 있었습니다.

장애의 정도로 보아 전혀 불가능하다고 생각했던 고등학교나 공무원에의 도전도 믿을 수 없을 만큼의 잠재능력을 발휘해 실현시켰습니다. 부모나 주치의도 무리라고 생각한 이 진로를 정한 것은 본인입니다. 열쇠는 '자기결정', 이는 어릴 때부터 '선택'이라는 것을 거듭한 결과 가능하게 됩니다. 사회적인 장벽을 제거하고, 합리적 편의를 제공하여, 본인의 의사가 굳어지면 실현하기 위한 지원, 즉 '의사 결정 지원'이 중요합니다. 이름이 있는 한 사람으로서의 존엄을 인정하고 특성을 이해해야 합니다. 장애의 경중은 지원자의 질과 양에 따릅니다. 부모와 자식이 지역에 뛰어들어 이해자와 지원자를 찾아봅시다. 분명 많은 지원자가 기다리고 있다고 생각합니다. '지역의 힘'을 기대하며……

물음 21 친구가 오토바이 사고로 머리를 다친 후유증으로 고차뇌기능장애(higher brain dysfunction) 진단을 받았다고 합니다. 어떠한 장애인가요? 또 어떠한 지원이 필요한지요?

무척 걱정이 되시겠네요. 고차뇌기능장애라는 것은 교통사고나 스포츠사고 전락, 전도 등으로 머리를 강하게 부딪치는 것, 또는 뇌출혈이나 뇌경색, 뇌종양이나 뇌염 등으로 뇌에 손상을 입은 것으로 인한 후유증을 말합니다. 최근에는 뇌진탕이나 열중증 등에서도 뇌에 데미지가 발생하는 경우가 많다고 해서 이제 주목을 받기 시작한 장애입니다.

뇌는 모든 생물에게 가장 중요한 사령탑 역할을 하고 있습니다. 특히 인간의 뇌는 복잡해서 생각하고 느끼고, 고민하는 등 여러 가지 고도의 활동을 하고 있습니다.

그러한 일을 하는 뇌의 네트워크는 뇌세포를 잇는 뉴런에 의해 뇌의 부위로 전달이 되는데 그 네트워크가 파괴되면 전달이 잘 되지 않게 됩니다. 그러므로 뇌의 어디가 손상 되었는지에 따라 후유증이 달라지기 때문에 이는 복잡한 장애, 눈에 띄기 어려운 장애, 알아차리기 어려운 장애로 여겨지고 있습니다. 일본 뇌외상우 모임 등의 활동으로 인해 정부의 지원

모델 사업이 이루어지고 진단기준도 정해졌습니다. 뇌신경외과나 재활 병원에서는 여러 가지 테스트로 진단을 합니다.

먼저 뇌의 손상이 어디에 있는지 알기 위해서는 MRA(자기공명 혈관 조영)등의 화상 진단이 중요시되는데 그 중에는 화상으로는 발견하기 어려운 기능장애가 생기는 경우도 있습니다. 예를 들어 후각, 미각의 이상 등도 있습니다. 일반적으로는

① 기억장애(기억을 잘 하지 못하고 기억해도 잘 잊어버린다)

② 수행기능장애(계획적으로 일을 할 수 없다, 일을 체계적으로 못한다)

③ 주의장애(실수가 많다)

④ 사회적행동장애(자그마한 일로 화를 내거나 반대로 무기력해지는 것)

이상 네 가지가 기질성 정신장애로 고차뇌기능장애의 진단기준이 됩니다.

이 외에 이전부터 있었던 지체장애로 인정되는 고차원뇌기능장애로는

실어증(말이 안 나오거나 틀린 단어가 나온다)

반측 공간 무시(왼쪽의 것이 안 보인다)

실서(글을 쓸 수 없다)

실독(글자를 읽을 수 없다)

실행(양치질을 할 수 없다든지 도구를 사용할 수 없다)

실인(보고 있는 것이 뭔지 알지 못한다)

시야 협착(시야가 좁아졌다)

등이 있습니다. 우선 친구는 재활병원에서 신체 재활을 착실히 받는 것이 중요합니다. 사람의 몸의 움직임은 모두 뇌의 지령에 의해 이루어지는 것이므로 수족을 움직이는 것은 뇌의 움직임입니다. 생각대로 손발이 움직이지 않거나 말을 할 수 없다는 것은 큰 장애를 입어서 심리적인 낙담도 불러일으키므로 친구로서 언제나 응원하고 힘이 되어주려는 마음을 갖고 접하는 것이 본인에게 가장 큰 격려가 됩니다.

학교나 직장으로 돌아온 뒤에는 본인이 학습이나 일을 할 수 없어서 힘들어하는 일이 많을 것이라 생각합니다. 노트 필기를 해 주거나 일의 순서를 알기 쉽게 그려서 보여주거나 해서 학습을 도와주세요. 또 가족에게도 걱정을 끼치는 일이 많아지게 되니 그들이 힘들어하지 않게 상담 기관을 알려주세요.

① 고차뇌기능장애에 대한 상담 지원 기관이 전국에 있고, 그곳에는 지원 코디네이터가 배치되어 상담을 하고 있습니다.
국립장애인재활센터의 홈페이지(http://www.rehab.go.jp/brain_fukyu/soudan/)에서 볼 수 있습니다.

② 살고 있는 지역의 장애복지과 등에 상담해 주세요. 지역 의료기관이나 사업소 등을 소개해 줍니다. 장애인 수첩 신청이나 연금 수급 상담을 받을 수도 있습니다.

③ 일본 뇌외상우 모임 홈페이지(http://npo-jtbia.sakura.

ne.jp/)의 지역 가족모임에서 상담해 주세요. 현재 전국의 65개 단체가 가맹되어 있습니다. 정기 모임이나 강습회를 개최하고 있습니다. 취업 지원 사무소를 운영하고 있는 곳도 있습니다. 또 도쿄에는 26개 단체가 가맹되어 있는 도쿄 고차뇌기능장애협의회(http://www.brain-tkk.com/index/ index.php)가 있습니다.

장애인권리협약 등 세계에서는 어떤 움직임이 있습니까?

장애인에 관한 국제적인 움직임으로 중요한 일은 2006년 UN에서 「장애인의 권리에 관한 조약」(이하 권리협약)을 제정한 것, 그리고 2014년에 일본이 이를 비준(가맹)한 일입니다. '조약'이란 국가 간에 문장으로 하는 약속으로, 일본에서 조약은 법률상으로 헌법 아래에 위치하는 중요한 법률 문장으로 조약에 비준하면 여기에 규정하고 있는 내용을 국가가 책임지고 성실히 이행하지 않으면 안 됩니다. 일본은 2009년 이후 「장애인제도개혁」을 추진하고, 국내의 법제도를 정비한 뒤에 이를 비준하였습니다. (141번째 비준국) 2016년 8월 시점으로 166개국 지역이 이 조약에 가맹되어 있습니다.

권리협약의 내용

1. 장애의 사회모델과 권리 협약의 원칙

여기서는 권리협약의 중요한 이념이나 원칙만을 소개하겠

습니다. 우선 권리 협약에 명시된 '장애사회모델'이라는 개념이 중요합니다. 장애인이 사회에서 활동할 때는 여러 장벽이 있어 이들이 장애가 없는 사람에 비해 불리한 경우가 많습니다. 장애인에게 불리한 원인이 '눈이 안 보임, 걸을 수 없음, 지적 장애' 같은 기능 장애가 아니라 사회 환경에 원인이 있다고 하는 생각을 「장애 사회모델」이라고 합니다. 그러므로 권리협약에서는 장애인에 대해 일방적으로 '장애를 극복해야 한다.'고 쓰여 있는 것이 아니라 '가맹국이 책임을 지고 사회 쪽의 장벽을 없애 주세요.'라고 쓰여 있습니다(제9조 참조). 또 권리협약에는 8개의 원칙이 있습니다(제3조). 이들은 조약에 혼을 불어넣는 것으로 원칙에 입각해서 조약상의 권리를 장애인에게 보장하지 않으면 안 됩니다. 이 원칙 속에서 무차별과 통합(정부 공인 용어로는 포용)을 살펴봅시다.

2. 무차별 평등(장애로 인한 차별 금지)

권리협약에는 장애인만의 특별한 권리를 규정하고 있지 않습니다. 장애가 없는 사람에게 보장되어 있는 권리를 장애인에게 보장하는 것이 목적입니다. 그래서 권리협약에는 장애로 인한 온갖 구별, 배제, 제한뿐만 아니라 합리적 편의를 하지 않는 것도 차별로 보아 이것들을 금지하였습니다(제2조, 제5조 등). 장애인과 비장애인을 구별하는 것, 장애인을 배제하거나 조건을 붙여 제한을 하는 것, 장애인이 비장애인과 같은 활동을 하기 위해서 변경이나 조정, 지원 등의 합리적 편의를 거부하는 것 등을 금지하였습니다.

3. 통합사회의 실현

권리협약이 지향하는 사회는 「통합(Inclusive)사회」입니다. '인클루전', '인클루시브' 이는 어려운 말입니다. 풀어서 말하면 이는 장애인을 포함한 모든 사람이 배제되지 않고, 같이 생활하고, 같이 일하고, 장애가 있든 없든 같이 살아갈 수 있도록 사회가 장애인을 있는 그대로 받아들이는 정책입니다.

예를 들어 제19조에는 '장애인은 비장애인과 평등하게 자기가 태어나 자란 지역에서 어디서, 누구와 생활할 지를 선택할 수 있고, 지역에서 자립해 생활할 권리가 있기 때문에 시설이나 병원 등에서의 이들의 생활을 강제해서는 안 된다.'라고 규정되어 있습니다. 그러므로 장애인만 수용하는 시설이나 병원을 줄여야 합니다. 또 제24조에는 생활하는 지역에서 질 높은 교육을 받을 권리가 쓰여 있습니다. 원칙은 비장애아동과 같이 배우는 것입니다. 권리협약이 목표로 하는 사회는 장애의 유무로 구별하지 않는 사회 = 통합사회입니다.

감시 장치 - 권리협약이 장애인 정책의 베이스가 되다

조약 준수를 감시할 장치도 마련되어 있습니다. 국내 감시(제33조)와 국제적 감시(제34조) 이 두 가지입니다. 국내에서는 독립성 등의 문제가 있긴 하지만 내각의 심의회인 장애인정책위원회가 감시 기관입니다. 국제적인 장치로는 스위스의 제네바에 UN장애인권리위원회가 설치되어 가맹국의 정부 보고서나 NGO의 리포트에 근거해 그 나라가 조약을 준수하고 있는지를 심사(건설적 대화)합니다. 일본은 2016년에 최초의 정부 보고서를 제출하였는데 2019년이나 2020년에 심사가 이루어질 예정입니다. 다른 나라의 심사 결과 등을 잘 배워서 권리협약을 기초로 한 장애인 정책의 시행이 요구되고 있습니다.

물음 23

최근 몇 년간 장애가 있는 사람들과 관련한 법률이 변경되거나 새로 만들어졌다고 들었습니다. 어떠한 변화가 있었나요?

'오늘 회의에서 역사가 바뀌었다고 생각할 만한 논의를 해 주었으면 한다. 우리를 빼고 우리들의 일을 결정하지 말아 주었으면 한다는 당사자의 목소리를 토대로 일을 추진하자.'

이런 장관의 인사로 장애인 제도 개혁 추진 회의가 시작되었습니다. 2010년 1월의 일입니다.

회의실은 기대와 불안과 열기에 휩싸여 있었습니다. 점자 자료를 손가락으로 훑는 사람, 수화 통역이나 컴퓨터 필기 자막을 보는 사람, 전동휠체어에 앉아 옆에 있는 개호인(활동지원사)이 페이지를 넘겨주는 자료를 읽는 사람, 양손을 펴고 손끝으로 전하는 점자를 읽는 사람 등 여러 장애를 지닌 사람이 이 회의에 초대되었습니다. 24명의 위원 중 과반수를 넘는 14명이 장애당사자로 채워졌습니다. 정부 차원의 위원회에서는 처음 있는 일이었습니다. 또 지체 장애나 시각 장애, 청각 장애를 비롯한 지적 장애나 정신 장애와 시청각 장애인 등 그 장애도 다양했습니다. 갖가지 장애가 있는 사람이

위원이므로 수화 통역이나 자막, 점자, 풀이가 적혀 있는 자료 등도 준비되었습니다. 어려운 전문 용어가 튀어나왔을 때는 지적 장애 위원이 옐로카드를 들고 다시 설명을 요구하기도 하여 회의 운영에 많은 정성을 기울려야 했습니다. '합리적 편의'의 본보기 같은 형태로 진행된 회의는 2년간 38회 개최되었습니다. 장애인 차별 금지나 복지 서비스에 관한 부회도 열렸습니다.

열심히 논의한 결과 의견서가 만들어졌습니다. 장애인이나 가족이 생각하는 내용을 담았습니다.

의견서를 받고 장애인에 관한 많은 법률이 제·개정되었습니다. 개정 장애인기본법, 장애인학대방지법(2011년), 장애인종합지원법(2012년), 장애인차별해소법, 개정장애인고용촉진법(2013년)과 같은 법률입니다.

모두 장애인권리협약을 비준하기 위해 국내법으로 정비되었습니다. 그렇기 때문에 공통의 특징이 있습니다.

첫 번째는 보호, 자선의 대상이 아니라 권리의 주체로서 장애인을 규정하고 있는 것입니다. '장애인이니까 어쩔 수 없다.'라고 포기하는 것이 아니라 장애가 있는 사람이 평등하게 여러 권리를 행사할 수 있게 하자는 것입니다. (보호의 객체가 아니라 권리의 주체로)

두 번째는 장애인이 느끼고 있는 일상생활이나 사회 참여의 어려움은 사회 장벽과의 관계 때문에 발생한다는 '사회모델'의 개념입니다. 물리적인 문제나 제도적 문제, 관행이나

의식 같은 여러 측면에서의 장벽을 없애는 것이 사회적으로 요구됩니다. (의료모델에서 사회모델로)

세 번째는 복지나 교육은 물론 여러 분야에서 장애인이 비장애인과 같이 배우고, 일하고, 생활하고, 즐길 수 있도록 지원하고 차별을 없애가는 것을 원칙으로 하고 있다는 것입니다. 그 중에서 '합리적 편의'를 제공하는 것도 포함됩니다. (지역에서의 자립생활과 차별금지의 원칙)

네 번째는 이 같은 점을 통해 다르다는 다양성을 서로 인정하고, 장애의 유무에 관계없이 차별 없는 통합사회의 실현을 목표로 하고 있다는 것입니다. (통합 사회의 실현)

물론 법률이 생겼다고 해서 이런 일이 단숨에 실현되는 것은 아닙니다.

장애인의 생활은 그 사회의 '풍요의 바로미터'라고 합니다.

지금까지 만들어진 각종 법률이 효력을 발휘해 장애인이 자연스럽게 지역에서 배우고 일하며 살아가는 사회는 장애가 없는 사람에게도 살기 쉬운 사회가 되는 것은 두 말할 필요가 없습니다.

그런 사회를 실현하기 위해서는 장애인권리협약의 내용이 실현될 수 있도록 장애인의 참여 속에 지속적인 제도 개혁을 진행해 가는 것이 요구됩니다.

거북이 마라톤대회에 참가 중인 미카타 노부코 씨. 전동휠체어에 탄 나도 동반 주자와 같이 달립니다. 장애가 있어도 모두 바람을 느낄 수 있으면 좋겠어요. (사진제공: 미카타 노부코 씨)

참고: 신경근질환네트워크 저, 「울퉁불퉁한 보물」, 전국자립생활센터협의회, 2012.

물음 24
장애인에 대해 사용해서는 안 되는 차별어 표현이 있나요?

역사적으로 장애인의 인격을 부정하고 야유하거나 경멸하는 의도를 갖고 사용된 말은 '차별어'로 간주되어 왔습니다. '장님, 절름발이, 병신, 미치광이' 등이 그에 해당하는 말일 테지요.

물론 이런 말 중에는 이미 사용되지 않는 것도 있고, 실제로는 장애인에게 상처를 입히려는 의도가 아니라 아무 생각 없이 그냥 사용한 경우도 있겠지요. 그러므로 그런 말을 사용했다고 해서 바로 '차별자'라고 단정 짓는 것이 조금은 위험할 지도 모르겠습니다. 하지만 '차별어'를 사용하지 않아도 장애인에게 상처를 입히거나 존재를 부정하는 표현을 하는 경우가 있습니다. 그런 경우엔 당연히 비난과 항의의 대상이 될 것입니다.

이런 '차별어'나 '차별 표현'을 둘러싸고 오랫동안 많은 논쟁이 있었습니다. 즉 '특정 말이나 표현을 금지하거나 규제하는 것은 언론이나 표현의 자유를 침해하는 것이다.'라는 반론입니다. 그들은 '말에 대한 공격은 매스컴의 금지어나 바꿔서 말하기가 늘어날 뿐, 정말로 차별을 없애는 것으로는 이어지지 않고 도리어 음습해질 뿐이다.'라고 주장합니다.

게다가 '그런 말 정도로 상처를 입는 것은 장애인이 자신의 장애를 받아들이지 못하고 있기 때문이다.'라든지, '차별적인 표현이면 맞받아 고소로 대응하면 된다.'는 말도 하지만, 많은 장애인이 그런 강한 태도를 가지고 대응하는 것이 가능하지 않습니다. 오히려 대부분의 장애인은 지금도 심한 차별과 편견에 시달리며 반론도 하지 못하고 괴로워하는 실정입니다.

이와 같은 논쟁의 표적이 된 고전 작품이 많이 있는데, 여기서는 18세기 이탈리아 작가 콜로디의 동화 「피노키오의 모험」을 들어 보겠습니다. 잘 알려진 대로 이 동화는 제페토 할아버지가 만든 목각 인형 피노키오가 여러 가지 유혹이나 위험에서 벗어나 마침내 진짜 인간이 된다는 이야기입니다. 이 피노키오의 성장을 방해하려고 몇 번이나 등장하는 것이 '절름발이 여우와 장님 고양이'입니다. 이 둘은 피노키오를 유혹해 피노키오의 동정을 사려고 '절름발이 장님인 척을' 하지만 결국 피노키오의 강한 의지와 행운에 져서 '천벌'을 받아 '진짜 절름발이와 장님'이 됩니다.

즉 이 동화는 주인공 피노키오의 의지와 모험을 헤쳐 나가는 재미를 표현한 아이들 대상의 이야기이지만 그것과 동시에 그 배경에 장애인에 대한 당시 유럽의 차별적인 사상도 포함된 이야기입니다. 따라서 이 동화를 들은 어린이들은 자기도 모르는 사이에 장애인에 대한 잘못된 인식('나쁜 일을 하면 장애인이 된다.'라는 인식)을 가질 수밖에 없다는 염려와 주장이 반차별 운동을 하고 있는 단체로부터 나왔던 것입니다.

이런 항의에 대해 「도서관 문제 연구회」나 「일본 작가 협의회」 등의 단체로부터 '동화 피노키오는 어린이들에게 꿈을 주는 유익한 명작이므로 일방적으로 회수를 요구하는 것은 언론 탄압과 같다.'라는 반론이 나와 오랫동안 이에 대한 논쟁이 계속되었습니다.

차별적인 표현으로 문제가 된 다른 사례로, 어떤 출판사가 독서 주간 포스터에 게시한 광고 카피가 있습니다. '눈이 망가질 정도로 책을 읽고 싶다.'라는 이 카피는 출판사의 의도와는 달리, '책이 읽어 싶어도 자유롭게 읽을 수 없는 시각장애인의 마음에 상처를 입힌다.'라는 지적이 일어 출판사는 그 포스터를 전면 회수했습니다.

이런 종류의 논쟁은 다른 소설이나 에세이 등에서 수 없이 되풀이되어, 21세기에 들어와 반차별 운동을 하는 단체에서도 운동 전략을 다시 짤 필요가 있다는 의견이 나오고 있습니다. 즉 '시작부터 결과를 얻자.'는 것보다는 문제 제기나 논의를 끈질기게 하는 것이 중요한 것이므로, 처음부터 사죄나 회수를 요구하는 방법은 다시 생각해 볼 필요가 있습니다.

어떻든 간에 '차별어'나 '차별 표현'을 문제로 삼는 경우에는 우선 누가 어떤 경우에 누구에게 무슨 의도로 사용했는가를 검증할 필요가 있습니다. 다만 여기서 문제가 되는 것은 장애인과 관련된 은유적 표현과 일상에서 사용하고 있는 용어가 많이 있다는 것입니다. 그러나 현재로서는 이를 구별할 확실한 근거가 확립되어 있지 않아 '케이스바이케이스'로 하나씩 검증을 하는 것 이외에 좋은 방법은 없다고 여겨집니다. 다만 이런 검증에서도 장애를 지닌 당사자의 마음을 충분히 배려할 필요가 있습니다.

장애인과 연관된 표현을 생각한다는 것은 자신이 장애인을 다시 한번 되돌아보는 일이기도 합니다. 일례로 사리분별을 못한다는 의미로 '맹목적'이라는 표현이 일상적으로 쓰입니다. 그렇지만 그러한 말은 표현자 자신이 실제로는 맹인에 대해 아무것도 모르고 쓰고 있는 경우가 대부분입니다. 말하자면 결국 차별 표현은 잘못된 인식(=편견)이나 당시의 사회적 가치관에서 나오는 경우가 많습니다. 적어도 이와 같은 표현은 정확한 정보와 풍부한 감성에 의한 것이라고 할 수는 없을 것입니다.

무엇보다 지금 요구되고 있는 것은 문제를 제기하는 쪽의 진지함과 정중함이고, 한편으로는 표현하는 쪽의 풍부한 감성과 냉정하고 겸허한 자세가 아닐까요? 그런 가운데 서로 마주 보고 논의를 주고받을 수 있는 관계를 만들어 가는 것이 중요하지 않을까 생각합니다.

칼럼

장해인가 장애인가

‘장해인(障害人)’, ‘장애인(障碍人)’ 등 장애가 있는 사람을 둘러싼 표기를 사용할 때 우리는 ‘장해(障害)’는 기능 장애를 가진 사람이 안고 있는 사회적 어려움은 사회장벽에 의해 생긴 것으로 보는, 그 점을 상징하는 표기로써 굳이 ‘장해(障害)’라는 말을 바꿀 필요는 없다고 생각합니다. 또 ‘장애(障碍)’에 관해서는 본래 불교 용어에서 유래한 장애(障碍)의 어원에 관한 문제도 있고, 좋은 의미를 가진 것이 아니어서 바꾸는 의미가 없다고 생각합니다. 또 한자를 쓰지 않고 장해(害)의 ‘해’의 한자 표기를 피하고 있는 것은 장애인의 사회참가 제한이나 제약의 원인이 개인의 속성으로 기능 장해에 있다고 하는 의료모델(개인 모델)에 입각한 것으로써 의료모델로부터 장해를 개인의 외부에 존재하는 각종 사회적 장벽에 의해 구축된 것이라고 보는 ‘사회모델’로의 전환이야말로 장애인권리협약의 근간이기도 한 것이므로 찬성할 수 없습니다. 다만 ‘해(害)를 포함한 장해에 대해서 혐오감을 지닌 일부 당사자 가족이나 관계자 자신이’ 장애(한자 없이 읽음)인 표기를 사용하는 것을 부정하는 것도 아닙니다.

또 2009년 내각「장애인제도개혁추진본부」아래 설치

된 「장애인권리개혁추진회의」에서 '장해/애' 표기가 근본부터 검토되었습니다. 결론적으로 '법령 등에 '장해/애'로 표기한 것에 견해의 일치를 보지 못한 현 시점에서 새로운 특정 표기로 결정하는 것은 무리다.'라고 기술되어 있습니다. (2010년 '장애인 제도 개혁 추진'을 위한 제2차 의견)

물음 25 장애인의 인권을 획득하기 위해 어떤 운동이 있었는지요?

일본에서 장애인 권리를 획득하기 위한 장애인 당사자에 의한 운동은 1970년대 「전국아오이시바회」(일본뇌성마비협회 전국아오이시바회)에서 시작되었습니다.

1970년대 초에 빈발한 부모에 의한 '장애아 살해' 사건에 대해 장애 당사자의 입장에서 아오이시바회는 '살해 당한 아이들의 생명의 존엄'을 지키려고 문제를 제기하였습니다.

아오이시바회는 장애 당사자의 생명의 존엄에 대해 그들의 주장을 대변하고, 장애인을 말살하려는 우생사상(우생보호법 개악저지투쟁)이나 장애인을 배제하려는 사회구조(시설반대운동) 및 '비정상인'의 차별 의식을 날카롭게 지적하는 「고발형」 운동을 시작하였습니다.

같은 시기인 1970년대 초, 도쿄도의 도내 요양 센터에서는 당사자 본인을 무시한 '이전 계획'의 강행에 대해 입소자나 직원들이 도쿄도 청사 앞에서 텐트를 치고 3년에 걸친 연좌투쟁을 하여 시설 및 처우 개선 약속을 이끌어 냈습니다. 이는 그 후 지역에서의 자립 생활 운동으로 연결되었습니다.

또한 교통 액세스 영역에서는 1977년 가와사키 시에서 버스가 휠체어 장애인의 승차를 거부하자, 아오이시바회는 장애인을 버스에 일제히 승차시켜 버스운행을 중단시키는 투쟁을 했습니다. (카와사키 버스 투쟁)

그리고 1988년 도쿄도에서 열린 리허빌리테이션 인터내셔널(Rehabilitation International, RI) 세계회의에 참석한 각국 장애인과 함께 「RI를 계기로 행동하는 장애인위원회」가 결성되어 교통 액세스를 위한 새로운 운동을 시작했습니다. 이런 운동의 결과, 1992년 「오사카부 복지마을 만들기 조례」를 시작으로 각지에서 조례가 제정되고, 정부차원에서는 2000년에 「교통배리어법」, 2006년에는 「배리어프리 신법」이 시행되었습니다. 이들 운동은 현재 IPC(국제패럴림픽위원회)의 접근성가이드(77페이지 참조) 기준을 포괄하기를 요구하는, 새로운 운동으로 이어지고 있습니다.

교육위 문제로 1979년에 맹농아 양호학교(특수학교)의 의무화가 이루어졌지만 모든 장애아를 지역의 학교에서 받아들여야 한다는 생각에 입각해 전국 각지에서 취학 투쟁이 일어나고, 「양호학교 의무화 저지 투쟁」도 발생하였습니다. 의무화를 저지할 수는 없었지만 통합교육을 위한 투쟁은 끈질기게 이어졌습니다. 제도적으로 불충분하나마 현재는 '부모나 본인의 의사 존중'(학교 선택)한다는 결정을 이끌어 내게 되었습니다. 별도 교육 체제가 고착화되려는 지금도 장애인권리협약에서 추구하는 통합교육의 진정한 실현을 위해서는 아직 커다란 과제가 남아 있습니다.

정신 장애인의 영역에서, 1983년 우츠노미야 병원의 간호직원이 입원 환자 2명에게 폭력을 휘둘러 사망에 이르게 한 우츠노미야 사건이 있습니다. 이 사건을 계기로 환자에 대한 가혹한 폭력 지배, 불법 수속에 의한 강제 입원, 부당한 장기 구속, '작업'이라는 미명 하의 강제 노동 등과 같은 사실이 드러나 국내외에서 커다란 문제가 되었습니다. UN인권소위원회에서도 국제법상의 문제로 일본 정부를 비난했습니다. 이로 말미암아 1987년에는 정신위생법이 정신보건법으로, 다시 1995년에 정신보건복지법으로 개정이 이루어졌습니다. 그러나 현재 일본 정신과 병원의 개혁은 좀처럼 진척이 없습니다. 우츠노미야 병원 사건 이후에도 오사카의 야마토가와 사건(1993년) 등 많은 인권 침해 사건이 지속적으로 발생하고 있고, 지금도 정신과 의료는 일본의 커다란 인권 문제로 존재하고 있습니다. 정신과의 병상은 OECD국가 평균의 약 4배, 입원 일수는 지나치게 길고(일본 29일, 그 외는 18일), 강제 입원(비임의 입원)도 유럽에 비교하면 14배나 됩니다. 법률적으로도 의사와 간호사의 배치 기준이 낮게 책정되어 입원 환자의 인권은 현저히 억제되는 상태가 이어지고 있습니다. 정부도 정신과 병원에서 지역으로의 이행을 방침으로 삼고 있지만, 그 실적은 지지부진합니다. 근본적인 정책의 전환을 이끌어냄과 동시에 정신 장애인의 지역생활을 지원하는 사회 자원을 만들어가는 것이 필요합니다.

장애인의 인권을 둘러싼 운동은 장애 당사자가 중심이 되어 인간으로서의 존엄을 지키기 위해, 여러 사회 영역에서 많은 지원자와 관계자가 함께 이끌어왔습니다. 2016년도부터 장애인차별해소법이 시행되었지만, 차별 없는 사회(통합사회)의 실현은 아직 가야 할 길이 멉니다. 계속해서 끈기 있는 노력이 요구되고 있습니다.

••• 더 자세히 알고 싶은 분들을 위해

• 태어남/ 성장/ 배움

시바다 야스코, 「비바! 통합 – 내가 요육특별지원교육의 전도사가 되지 않은 이유」, 겐다이쇼칸, 2016.

키무라 야스코 (기무라 야스코), 「"모두의 학교" 가르쳐 준 것을 배우고 서로에게 성장 서로를 지켜 자릿수 3290일」, 쇼가쿠칸, 2015.

교도츠신샤카이부, 「내 아들아 – 태아 진단, 생식 의학 친부모·양친」, 겐다이쇼칸, 2014.

도시미츠 게이코, 「수정란 진단 및 태아 진단 – 그 도입을 둘러싼 싸움의 현대사」, 세이가츠쇼인, 2012.

• 생활

기타노 세이치, 「관리에서 권한 부여 – 사람을 지원하는 것은 의사결정을 지원하는 것」, 미네르바셔보, 2015.

도오츠카 다미 후미코 외 2인, 「정신 병원 시대의 종언 당사자 주체의 지원을 향해」, 고요셔보, 2016.

테라 모토 아키 히사 외 2인, 「엇갈림 있는 지원! 지적 장애 / 자폐 사람들의 자립 생활과 중증방문개호의 대상 확대」, 세이가츠쇼인, 2015.

와타나베 타쿠, 「활동지원사자들은 어떻게 살아갈 것인가 –

장애인의 지역 자립생활과 활동 보조라는 행위」, 세이가츠쇼인, 2011.

• 생명·의료·우생 사상

도시미츠 케이코, 「전후 일본의 여성 장애인에 대한 강제 불임 수술」, 리츠메이칸다이가쿠대학세이존가쿠겐큐센터, 2016.
요코타 히로시, 「장애인 살인의 사상」, 겐다이쇼칸, 2015.
요코자카 코이치, 「엄마야! 죽이지 마라」, 세이카츠쇼인, 2007.
가와구치 유미코, 「말기를 넘어 - ALS와 모든 난치병에 관련된 사람들에게」, 세이토샤, 2014.
코다마 마미, 「죽음의 자기 결정권의 행방 - 존엄사·무용 치료론·장기 이식」, 오오츠끼쇼텐, 2013.
요네모토 쇼헤이 외 2인, 「우생학과 인간 사회 - 생명 과학의 세기는 어디로 가는가」, 코단샤, 2000.

• 장애학

아사카 준코 외 3인, 「생의 기법 - 가정과 시설을 나와 살아가는 장애인의 사회학」, 세이카츠쇼인, 2013.
스기노 아키히로, 「장애학 - 이론 형성과 사정」, 도쿄다이카쿠슈판가이, 2007.
마이클 올리버, 「장애의 정치 - 영국 장애학의 원점」, 아카시쇼텐, 2006.
다나카 고우이치로, 「장애인 운동과 가치 형성 - 일본·영국 비교」, 겐다이쇼칸, 2005.

이시카와 준,「보이지 않는 것과 보이는 것의 사교와 어시스트 장애학」, 이가쿠쇼인, 2004.

• **제도**

다케바 히로시,「장애인 복지」, 미네르바셔보, 2014.
DPI일본회의편,「첫 걸음이다! 개정 장애인 기본법 – 지역에서 바꿔 나가자」, 가이호우슈판샤, 2012.
이바라키 나오코 외 2인 편저,「장애인 종합 복지 서비스 법의 전망」, 미네르바셔보, 2009.

• **차별 금지**

DPI 일본회의편,「합리적인 배려 차별적 취급이란 무엇인가 – 장애인 차별 해소법·고용 촉진법 사용」, 가이호우슈판샤, 2016.
노무라 시게키,「Q&A 장애인 차별 해소법 – 활용 해소법/ 모두 함께 만드는 평등 사회」, 세이카츠쇼인, 2016.
사카기 바라 겐지로,「사회적 포섭과 장애인 차별 금지 법제 후 장애 정의와 다른 처우를 둘러싸고」, 세이카츠쇼인, 2016.

• **국제 조약**

히가시 도시히로 외 2인,「장애인권리조약과 일본 개요와 전망 /증보 개정」, 세이카츠쇼인, 2016.
유엔 인권 고등 판무관실 편,「시민 사회를위한 핸드북 – 유엔 인권 프로그램을 활용」, 신잔사, 2011.
마쓰이 료스케 외 1인,「개설 장애인권리협약」, 호리츠분가샤,

2010.
히가시 도시히로 감수, DPI 일본회의편, 「장애인권리조약은 이렇게 바뀐다 Q&A」, 가이호슈반샤, 2007.

• **장애인 운동의 역사**

오노우에 고치 외, 「장애인 운동을 이어받아 지금 다시 지역에서 살아가기 위해」, 세이카츠쇼인, 2016.
스기모토 아키라, 「장애인은 어떻게 살아 왔는지 - 전쟁 전후 장애인 운동사」 세이카츠쇼인, 2008.
다이앤·돌리/ 가나세 오사무 편역, 「국제 장애인 운동의 탄생 - 장애인연맹국제DPI」, 엔파워멘토연구소, 2000.
사다도 구니코, 「간사이 장애인 운동의 현대사 - 오사카 푸른 잔디 모임을 중심으로」, 세이카츠쇼인, 2011.
가도오카 노부히코, 「게는 옆으로 걷는다 - 자립 장애인들의 반세기」, 코단샤, 2010.

••• 집필자 일람

明石洋子(아카시 요코) 아오조라공생회부이사장, 가나자와자폐증협회회장(문20)

一木玲子(이치기 레이코) 오오사카경제법과대학(문3)

臼井久実子(우수이 구미코) 장애인결격조항을 없애는 모임 사무국장(문6)

海老原宏美(에비하라 히로미) 호흡네트 인공호흡기유저자신들의 소리(문9)

尾上浩二(오노우에 고우지) DPI일본회의 부의장(문23)

川口有美子(가와구찌 유미코) ALS/MND써포터센터 사쿠라회(문14)

北野誠一(기타노 세이치) 오사카지역생활지원네트워크 이사장(문11)

木下 努(기노시다 쯔도무) AJU자립의집(문10)

楠 敏雄(쿠스노키 토시오) 전DPI일본회의 부의장〈고인〉(문24)

栗原 久(구리하라 히사시) 펠트써포트em.(원) 대표이사 일본복지대학 실무가 교원(문8)

崔 栄繁(사이 다가노리) DPI일본회의 의장보좌(문22) 칼럼 통합교육

佐藤 聡(사토 사도시) DPI일본회의의 사무국장(문15)

三戸 学(산노헤 마나브) 아키다현하치로가타마치 하치로가타중학교 교사(문7)

白井誠一朗(시라이 세이이치로우) DPI일본회의의 사무국차장(문17)

新谷友良(신다니 도모요시) 전일본난청자·중도실명자단체연합회이사장(문16) 난청중도실명자

竹端 寛(다게바다 히로시) 효고현립대학(문19)

田丸敬一朗(타마루 게이이치로) DPI일본회의의 사무국장보좌(문16) 시각장해자 DPI일본회의의 칼럼·장「해」인가, 장「애」인가

殿岡 翼(도노오카 쯔바사) 전국장애학생지원센터 대표(문5)

西尾元秀(니시오 모도히데) 장애인자립과 완전참가를 목표로 하는 오사카 연락회의(문4)

東川悦子(히가시가와 에쯔고) NPO법인일본뇌외상친구회(현NPO법인 일본고차 뇌기능친구회 전 이사장)(문21)

平野みどり(히라노 미도리) DPI일본회의 의장(서문)

福島 智(후쿠시마 사토시) 도쿄대학선단과학대학기술연구센터 교수(문16) 시각 장애인

藤原久美子(후지와라 구미코) 자립생활센터 고베·Be스켓(문12)

細井清和(호소이 기요카스) 장애인자립과 완전참가를 목표로 하는 오사카연락회의(문18, 25)

堀 智晴(호리 토모하루) 인크루십(공생) 교육연구소(문2)

松本正志(마쯔모토 마사시) 전일본농아연맹(문16) 청각 장애인

八柳卓史(야쯔야나기 다쿠시) DPI장애인자권리옹호센터(문13)

米津知子(요네쯔 토모코) DPI여성장애인자네트워크(문1)

한국장애인연맹(한국DPI)

DPI 창설배경

- DPI는 1980년 캐나다의 위니펙에서 개최되었던 국제재활협회 세계대회에 참가했던 세계 각국의 장애인 250여 명에 의해 발의, 태동되었다.
- 1981년 싱가포르에서 세계 51개국 400여 명의 장애인들이 모여 제1회 세계대회를 가짐으로 창설, 출범하였다.
- DPI는 '세계인권선언', '국제인권규약', 'UN장애인 인권선언' 등을 배경으로 창설된 세계 최초 유일의 국제적인 통합장애인단체이다.
- DPI는 Disabled Peoples' International의 약자이며, 한글로는 "국제장애인연맹"으로 쓴다.

DPI의 목적

- 세계의 항구적 평화의 기초가 되는 사회정의를 실현하고
- 장애인의 완전한 사회참여와 기회와 발전의 평등을 실현하며
- 장애인을 장애인에게 하는 물리적 환경, 사회보건환경, 교육환경, 글로환경 등의 모든 장벽을 제거하여 이들 모든 제도와 시설을 모든 장애인이 이용하기 쉽게 하고
- 각국 정부가 모든 분야의 개혁과 발전계획을 수립함에 있어 장애인의 권리와 이익을 충분히 배려, 보상하게 하는 운동의 추진을 목적으로 한다.

한국장애인연맹▶DPI◀은 완전한 참여, 기회와 발전의 균등을 통한 장애인의 인권 향상을 위해 1986년 설립된 전국장애인 운동단체입니다. (2002. 5월 보건복지부 사단법인) 한국장애인연맹▶DPI◀은 '장애인 인권 향상', '장애인의 경제적 사회적 통합 촉진', '장애인 조직의 발전 및 지원'이 주된 목표입니다. 또한 장애인문제를 사회문제로 인식하고 '장애'는 개인의 문제가 아니라 국가와 사회의 문제로서 다루려 하는 단체입니다.

한국장애인연맹 대전DPI 소개

DPI(DISABLED PEOPLES' INTERNATIONAL)는 모든 유형의 장애인이 모두 참여하는 단체이다.

'장애인의 완전한 사회참여와 기회균등' 이념의 실현을 목표로 하는 장애인당사자 인권단체로써 1986년 발족. 국제DPI의 국내 유일한 회원단체로서의 활동을 시작하였다.

장애인정책개발·인권교육·인식개선 활동을 통해 진보적인 장애인 관련 이념을 국내에 전파하고 실천하는데 주력하고 있으며, 제7대 조약인 국제장애인권리협약 연대단체를 구성하여 간사단체를 맡아 UN 제정 및 국내 비준을 위해 활동하였고, 국내 비준 이후 장애인권리협약의 국내 홍보 및 올바른 이행을 위한 모니터 활동을 하고 있다.

대전DPI는 2017년 설립되어 대전지역에 실질적인 장애인당사자 단체로서 사회에서 소외되고 차별받고 있는 장애인의 권익과 운동의 힘을 아우르고, 장애인 당사자가 중심이 되어 지역장애인의 권리 보장과 삶의 질 향상을 위해 보다 능동적이고 체계적인 활동을 펼치고 있다.

단체연혁

- 2016. 07. 한국장애인연맹DPI 지역연맹 설립을 위한 발기인 대회
- 2017. 04. 한국장애인연맹 대전DPI 창립총회(조태흥 초대회장)
- 2017. 08. 전국장애인활동가대회(워크숍) 개최(대전베니키아 대림호텔)
- 2018. 07. 21. 제2대 신석훈 회장 취임
- 2018. 08. 대전복지재단 내 이전 입주
- 2018. 10. 26. 인문학강좌/ 대전평생교육진흥원 지원 공동 개최(복지재단 9층 대강당)
- 2019. 03. 28. 대전광역시NGO지원센터 활동가 학습모임(인권독서단) 지원 사업 선정
- 2019. 05. 22. 법무부 솔로몬로파크와 MOU(업무협약) 체결
- 2019. 06. 15. "대전NGO대회" 부스 운영 참가
- 2019. 08. 23.~25. 일본DPI삿포로지부와 삿포로 방문하여 업무협약 체결
- 2019. 03.~11. 년 9회(참여인원 150명) 인권독서단 활동
- 2020. 01. 대전광역시 장애인평생교육지원사업(DPI인권아카데미) 보조금지원 사업 확정
- 2020. 08. 07. 대전장애인자립센터생활총연합회(한밭, 유성, 대덕, 대전, 보문, 빛나리) 6개 기관과 중증장애인자립생활에 관한 업무협약 체결
- 2020. 01.~12. 대전광역시 장애인평생교육지원사업(DPI 인권 아카데미) 김누리 교수 강좌 등 10회, 선량한 차별주의자 등 인권독서회 11회

함께하는 사람들

- 고　　문　곽영수(관저종합사회복지관장,
  대전광역시사회복지협의회 명예회장)
- 명예회장　김철준(대전웰니스 병원장)
- 후원회장　박현민(로보쿡 대표이사, 동행회장)
- 후원위원　박재완(향우자동차전문학원 대표),
  강유리(유성웰니스병원장),
  류정현(원풍특수강 대표),
  강문성(HSA유통 대표)
- 회　　장　신석훈
- 부 회 장　이희진, 이준의(대전보건대학교 교수)
- 운영위원　신동철(법무법인U&I 변호사),
  남성우(유성장애인자립생활센터장),
  신인수(보문장애인자립생활센터장)
- 감　　사　문경무, 이광균(美공인회계사, 열린교실유치원
  이사장)
- 자문위원　정지웅(배재대학교 교수),
  함영준(하늘공동체 시설장),
  남 규(대전보건대학교 교수),
  김명용(한국폴리텍대학교 교수),
  미즈노슌뻬이(국제교류위원, 日홋카이상과대학 교수)
- 봉사회장　최연희(열린봉사단 사무국장)
- 홍보위원　신재민(다락원)
- 사무처장　유희정
- 간　　사　이숙희

역자 약력

□ 신 석 훈

중증(희귀난치성 근육)장애인으로서 한국장애인연맹(한국DPI) 정책위원장과 대전지역연맹(대전DPI) 회장을 맡고 있다. 장애인인권, 직업, 고용, 소득에 관한 현안에 관심을 가지고 현장과 밀접한 활동을 통해 구체적인 변화를 만들어 낼 수 있는 정책과 대안을 제시하려고 노력하고 있다.

경제학, 일본어, 사회복지학을 공부하고 한국조폐공사 기술연구원 정년(부장) 퇴임, 대전장애인자립생활대학(생활경제학) 교수로 일했으며, 한국근육장애인협회 이사, 대전장애인단체총연합회 이사, 보문장애인자립생활센터 운영위원, 대전장애인자립생활센터 운영위원, 대전장애인인권포럼 감사, 열린자원봉사대 감사, 장애인인식개선 인권강사 등으로 활동하고 있다.

「한국의 소득분배에 관한 연구」, 「지체 장애인의 직업적응능력과 직업유지경험이 직업만족도에 미치는 실증분석(박사논문)」, 「직장인의 직무스트레스가 이직의도에 미치는 영향」, 「이슈 제3의 화폐, 가상화폐 비트코인 엿보기」 등 다수의 연구 논문과 『근육 디스트로피란 무엇일까?』, 『전자화폐론』, 『산업조직론』을 번역했다.

장애인의 권리 알고 있습니까? (일문일답)

초 판 1쇄 인쇄 —— 2021년 2월 5일
초 판 1쇄 발행 —— 2021년 2월 10일
엮은이 —— DPI일본회의
옮긴이 —— 신 석 훈
펴낸이 —— 전 두 표
펴낸곳 —— 도서출판 두남
서울시 강동구 성내로6길 34-16 두남빌딩
신 고 : 제25100-1988-9호
TEL : 02) 478-2065~7, 2311
FAX : 02) 478-2068
E-mail : dunam1@unitel.co.kr
http://www.dunam.co.kr

정가 11,000원

ISBN 978-89-6414-899-0 13330